내 안의
신성

내 안의 신성
내면의 신성 자각과 영적 실천의 조화

초판 1쇄 발행 2024년 7월 1일

지은이 편도웅
펴낸이 장길수
펴낸곳 지식과감성#
출판등록 제2012-000081호

교정 김나현
디자인 서혜인
편집 서혜인
검수 정은솔, 이현
마케팅 김윤길, 정은혜

주소 서울시 금천구 벚꽃로298 대륭포스트타워6차 1212호
전화 070-4651-3730~4
팩스 070-4325-7006
이메일 ksbookup@naver.com
홈페이지 www.knsbookup.com

ISBN 979-11-392-1933-3(03230)
값 17,000원

- 이 책의 판권은 지은이에게 있습니다.
- 이 책 내용의 전부 또는 일부를 재사용하려면 반드시 지은이의 서면 동의를 받아야 합니다.
- 잘못된 책은 구입하신 곳에서 바꾸어 드립니다.
- 이 책에 사용한 성경전서 개역개정판의 저작권은 (재)대한성서공회에 있습니다.

지식과감성#
홈페이지 바로가기

Divinity In Me

내 안의 신성

편도웅 지음

내면의 **신성** 자각과 **영적** 실천의 조화

목차

프롤로그   7

1부 깨어나라

1장	영적인 잠에서 깨어나라	11
2장	귀 있는 자가 되어라	26
3장	나그네 길	33
4장	삼손의 의식 수준	40
5장	변화의 강을 건너라	49
6장	필멸의 자아에서 불멸의 자아로	62
7장	당신은 신이 될 수 있는가	72
8장	자기를 부인하는 자와 속이는 자	83
9장	자유의 본질	93
10장	두 마리의 새	103
11장	영광의 커뮤니케이션	113

2부 현존(現存)하라

12장	무엇을 이해할 것인가	123
13장	본질을 추구하라	134
14장	바라봄의 비밀	144
15장	소망을 디자인하라	154
16장	집중하라, 초점을 맞추라	165
17장	화평함과 거룩함을 따르라	177
18장	신령과 진리로 예배하라	186
19장	영혼의 동반자: Soulmate	196
20장	하나님의 나라는 어디에 있을까	206
21장	그리스도의 사랑	216
22장	나는 왜 살아가야 하는가	230

글을 마치면서 248

프롤로그

여정을 준비하며

이 책은 2018년에 출간한 『정말 우리에게 필요한 것들』에 대한 두 번째 이야기로 네 가지(사랑, 믿음, 분별, 지혜)를 소유한 사람이 떠나는 영적인 탐험을 전제로 한 여행이다. 여행자는 자신의 눈앞에 펼쳐진 풍경과 간이역에 내려설 때마다 그곳에서 느끼는 감정과 향기, 모습 등을 관찰한다. 이 풍경은 우리의 삶이고 고난이며, 행복의 현장이다. 필자는 이 여정 속에서 성경적인 가치관, 그리스도께서 하신 말씀의 본질, 기독교 세계관과 내세관에 대한 탐방, 삶이라는 풍경을 어떻게 바라보아야 하는가에 대한 관광 보조자 역할을 하려고 한다.

영적인 부분에 있어 무엇이 정답인지 고집스럽게 주장하고 싶은 마음은 없다. 개인적인 주장이 아무리 진리에 가깝다고 해도 그 진리를 스스로 깨닫고 소화해야 하는 과정이 필요하기 때문이다. '영적인 이해'가 필요하다. 이해가 없다면 모든 것이 장애물이고 극복해야 할 높은 산으로 남아 있을 뿐이다.

독자와 동행하며 하나님과 좀 더 가까이 다가가고자 펜을 들게 되었다. 이 모든 집필 과정 속에서 무엇보다 필요한 것은 하나님의 은혜와 인도하심이었음을 고백한다. 성령의 인도와 가르침이 없었다면 이 여정 자체를 생각하지 못했을 것이다.

　필자는 천주교 모태 신자였다. 그런 사람이 개신교로 개종한 것은 물론이고 목회자가 되었다는 것이 흔한 일은 아니다. 어쩌면 불가능한 일이 나에게 일어났다고 말하는 것이 옳은 표현일 것이다. 그럼에도 어려운 선택의 기로에서 하나님의 인도와 가르침은 나에게 급진적이고도 강력한 영적 충격을 주었다. 그 이후 주님께서 이끄시는 여정은 아직 진행 중이다.

　필자에게 '삶'은 매주 설교를 준비하고 목회자로서 경건하고 선한 말과 행동을 해야 한다는 스스로의 채찍질, 끊임없이 울고 보채는 나의 자아와 벌이는 피곤한 다툼으로 채운 산책이다. 이러한 삶의 산책을 하다 보면 좀 더 멀리 떠나고 싶은 여행을 동경하게 된다. 여행을 다니다 보면 어느덧 나는 더 깊은 미지의 곳을 열망하는 탐험가가 되어 있다.
　미리 밝혀 둘 것이 있다. 나에게 허락된 신앙의 여정과 탐험은 결코 인위적인 것도, 우연도 아니라는 것을 말이다. 우리 모두는 존 번연 목사가 묘사한 천국을 향해 길을 떠나는 또 다른 '크리스천'이다. 이 길은 쉽지 않은 탐험임이 분명하다.

　여행은 비교적 편안한 마음과 즐거움이 동반되는 활동이라 할 수 있다. 반면, 탐험은 다소 긴장감을 가지고 때로는 용기도 필요로 하며, 내키지 않는 곳이라도 살피고 알아 가야 하는 과정이다.

이번에 출간된 『내 안의 신성』은 생각하기에 따라서는 산책이 될 수도 있고 좀 더 멀리 떠나는 여행이 될 수도 있으며, 누군가에게는 흥미롭고 가슴 떨리는 탐험이 될 것이다. 특히 이 여정의 종착지는 먼 우주의 어느 곳이나 다른 차원의 세계가 아닌 '나 자신'이다. 인간의 모든 것은 내면에 달려 있기 때문이다. 인간이 그토록 추구해 온 소망, 전지전능한 하나님이라는 존재는 나의 내면으로부터 시작해서 모든 것에서 영원히 함께하신다.

그럼에도 우리의 내면 깊은 곳에 도달하는 것은 그 어떤 탐험이나 모험보다 길고도 험한 여정이 될 것이다. 이 책을 읽는 모두가 내 안에 계신 하나님을 발견하고 하나님을 통해 기쁨의 삶과 성취하는 영광을 얻기를 진심으로 기원하는 바이다.

2024. 4.

또 다른 시작을 기다리는 어느 날에

1부
깨어나라

1장 영적인 잠에서 깨어나라

　신성(Divinity)을 향한 여정(Itincrary)을 시작하려 한다. 이 여정의 참여자이자 동반자는 인성(Personality)과 이성(Reason)을 갖춘 모든 사람이다. 여정을 시작한 참여자들은 지성(Intelligence)이라는 간이역들을 지나게 된다. 그리고 한 사람도 빠짐없이 영성(Spirituality)이라는 정차 역을 통과해야 한다. 마침내 신성을 소유한 자들은 그들이 그토록 바라는 종착지인 '하나님의 나라(Kingdom of God)'에 들어갈 것이다.

　신성을 향한 여정에 참여하는 자는 자신의 눈에 보이는 세상, 소위 말하는 이 '지구'라는 물질세계에서 중요한 한 가지 동의서를 내야 한다. 그것은 다름 아닌 **'잠에서 깨어남'**이다.

　'우리는 왜 깨어나야 하는가?'

만지고, 경험하고, 볼 수 있는 이 물리적인 세상이 너무나 실재처럼 느껴지기에 또 다른 세상(하나님의 나라)이 존재하는 것을 감지하기 어렵기 때문이다.

인간은 태어나면서부터 부모와 함께하며 주변의 사람들, 나아가 세상이라는 환경 속에서 강한 유대감과 결탁하며 살아간다. 이 운명론적인 삶은 역설적으로 너무나 안락하다. 이러한 삶을 벗어나려는 사람은 찾아보기 어렵다. 마치 톨스토이가 언급했던 가지 끝에 덩어리진 채 매달려 있는 벌 떼[1]처럼 말이다.

잠에서 깨어나라

주님의 말씀 중 매우 역설적인 권고이자 명령이 있다. 그것은 다름 아닌 '깨어 있어라!'이다. 인간이라면 누구나 잠자는 시간 외에는 깨어 있다. 그럼에도 불구하고 '깨어나라'라는 표현은 의문이 들 수밖에 없다! 물론 조금만 생각해 보면 그리 이해하기 어렵지는 않다. '인간이 생명을 유지하려면 잠을 자야 한다'라는 명제를 거부하지 않는다면, 잠을 자지 말라는 말씀이 아님을 알 수 있다. 즉, **'영적으로 깨어 있으라는 것'**이다. 그렇다면 우리는 영적인 측면에서 볼 때 '무엇으로부터 깨어나야 하는가?'를 선행적으로 알아야 한다. 그 이후에야 이 깨어남을

---

1. 레프 니콜라예비치 톨스토이는 『신의 나라는 네 안에 있다』에서 예수님께서 말씀하신 "진리가 너희를 자유롭게 하리라"(요한복음8:32)에 근거한 논거를 통해서 사상과 인생관에 갇혀 있는 사람들을 서로 얽힌 벌 떼들로 묘사한다. 결국 서로에게 매달려 있는 상황에서 한 마리의 벌이 탈출해야 하는 것처럼 인간도 진리를 향한 자유를 위해 삶의 고정 관념 및 틀에서 벗어나라고 조언한다.

현재 진행형으로 살아갈 수 있기 때문이다.

여기에서 깨어남은 크게 두 가지 측면으로 나누어 생각해 볼 수 있다.

첫 번째 '깨어남'은 '영과 육이 혼합된 삶이자 삶 자체의 것으로부터의 깨어남'이다. 이 깨어남에서는 '분별'이라는 공통분모가 필요하다. 물론 그 안에는 반드시 '지혜, 믿음, 사랑'이 필요하다.

쉬운 예로써 학생이 공부를 안 하고 놀려고만 한다면, 이 학생은 '친구들과 어울려 노는 것'이라는 잠을 자고 있는 상태로 보아야 한다. 이 학생이 깨어난다는 것은 친구들과 어울려 놀기만 하는 것을 멈추고 공부도 열심히 하기로 결심하고 실천하는 것을 의미할 것이다. "아! 내가 이렇게 계속 놀기만 하면 안 되겠구나! 이제부터는 공부를 좀 해야지! 내 꿈을 이루기 위해서는 공부해야 돼!"라는 자각을 통한 결심, 공부로 이어지는 실천에 이른다면 그는 비로소 깨어 있는 것이라고 할 수 있다.

'분별'이라는 것은 어려운 것인가?

우리가 살아가는 이 세상은 분별해야 할 것들이 매우 많이 존재한다. 그중 가장 큰 것은 **'선과 악에 대한 분별'**이다.

적어도 세상을 살아가는 인간이라면, 원하든 원치 않든 자기가 속해 있는 사회의 법을 지켜야 한다. 게다가 그리스도인이라면 십계명과 같은 하나님께서 명령하신 율법을 지켜야 한다. 우리가 법을 지켜야 하는 중요한 이유는 그 법이 '선과 악에 대한 기준'을 제시하기 때문이다.

법을 예로 들었지만 이 법에도 육과 영의 차이가 있다. 육적인 세상의 법은 영적인 하나님의 법과 유사한 면이 있으나 분명하게 다른 점이 있다.

대표적인 예로써 제6계명인 '살인하지 말라'는 세상 법에서도 매우 중대한 죄로 적용하고 있다. 세상의 법과 제6계명 모두 **사람을 죽인다는 것은 범법 행위이기 전에 악한 행위**'라는 이념에 근거하고 있다.

그러나 제4계명인 '주일을 거룩하게 지내라'는 세상 법에는 적용되지 않는다. 하나님을 모르는 사람들에게 이 계명은 선과 악의 판단 기준이 아닐 뿐만 아니라 세상 법에서는 존재하지 않기 때문이다. 그럼에도 불구하고 하나님을 알고 그리스도를 영접한 사람은 주일을 거룩하게 지키려 한다. 지금까지 살아온 방식에서 벗어나게 되는 것이다.

인간은 자라고 성인이 되면서, 경험을 통해 조금씩 그 전의 관념으로부터 깨어나게 된다. 이때 깨어나는 존재는 우리의 마음이라고 할 수 있는 '정신체(The body of the mind)'이다. 정신체는 교육을 통해서 변화되고 발전하게 된다.

하지만 눈에 보이는 것들에서도 깨어나기 어려운 것들이 있다. 그것의 대부분은 영적인 것들과 관계되어 있다.

영적인 잠에서 깨어나야 한다

영적인 잠에 무엇이 있는지 나열하고자 한다면 생각보다 많은 것들이 존재함을 알 수 있다. 한 예로 '**핼러윈(Halloween, 10월 31일) 데이**'를 들 수 있다. 미국 전역에서 매년 10월 31일, 유령이나 괴물 분장을 하고 즐기는 축제로 어린이로부터 성인에 이르기까지 많은 사람이 즐기는 행사 중 하나다. 이 행사는 전 세계 사람들에게 꽤 흥미로운 이벤트를 제공한다. 얼핏 보면 단순히 평소에는 하지 않고, 할 수도 없는 복장을 하면서 즐기는 재미있는 쇼이기에 관심을 끄는 것 같다. 깨어 있는 그리스도인이 아니라면 사실상 아무런 거리낌이 없다. 이것은 전반적인 세계인들의 영적인 현실이다.

이 행사는 고대 켈트(Celts)족에서부터 기인한다. 켈트족은 현재 게르마니아족, 아리아족[2] 등과 함께 대부분의 유럽 인종에 속한다. 이들은 해마다 10월 31일이면 지하 세계에 있는 영적 존재들이 세상으로 여행을 나온다고 믿었다. 세상에 존재하는 인간은 선한 사람과 악한 사람이 있다고 생각하는 것처럼 영적인 존재들도 선과 악이 구분된다고 믿었다. 그래서 고대 켈트족은 집 앞에 음식과 술을 차리고 악한 영들이 음식을 먹고 자기들의 집을 그냥 지나치기를 원했다.

한편 악령으로부터 괴롭힘을 면하기 위해서는 그들과 비슷한 변장을 하는 것도 위험을 피할 수 있는 방법 중 하나로 생각했다. 얼굴에 피

---

[2]. 인도유럽인(Indo-European) 또는 인도유럽제족은 인도유럽어족 계열의 언어를 사용하는 코카소이드계 민족들의 총칭이다. 출처: 위키 백과

를 바르고 험한 모습을 연출하는 이유가 여기에서 기인한다. 악령들이 험한 모습을 한 자기들을 보고 동료라고 생각하리라 믿었기 때문이다.

문제는 이러한 켈트족에게도 복음이 전해지면서 발생하였다.

이들은 하나님의 복음을 받아들였지만, 자기들이 유지하던 오랜 전통을 버릴 수 없었다. 이것이 로마 교회에는 하나의 딜레마였다. 온갖 이방 종교와 미신들을 숭배하던 족속에게 복음이 전해졌지만, 그들은 그들 방식의 신앙과 잘못된 미신적인 행위를 버리지 못했다. 그것을 막고 부수고 태우는 것도 한계에 도달하게 된다.

결국 A.D. 601년 교황 그레고리우스 1세는 "**토속 종교를 가진 사람들의 믿음과 풍속 속에 그리스도 교리를 덧입혀라**"라는 칙령을 내리게 된다. 이것이 '모든 성인의 날(All Hallows' Eve)'이 만들어진 배경이다. 명분은 모든 성인을 위한 날이지만, 그 방법론은 켈트족이 행했던 풍습 그대로 유지하게 된 것이다.

모든 성인들도 결국 '죽은 자들'이고 다른 영들도 '죽은 자들'이라는 명분으로 같이 숭배했던 것이다.

과연 이러한 접근법이 옳은 일이겠는가?

비록 목적이 선하다고 해도 방법이 선하지 못하다면, 그 행위는 공허함과 미련함으로 기억될 뿐이다. 이러한 교회의 오류 및 영적인 미련함을 발견하는 것이 바로 영적인 잠에서 깨어남이라고 할 수 있다. 하나님의 영과 사탄의 영을 분별할 줄 아는 것이 깨어남이며, 깨어 있는 것이다.

우리는 다음과 같은 질문에 대한 답을 생각해 보아야 한다.

영적인 지혜로움과 미련함의 차이는 무엇인가?

　삶에 대한 영적 질문들에 관해 지혜로운 답을 낼 수 있는 의식 수준에 도달하는 것, 그러한 답을 알고 있는 것을 '깨어나다'라고 말할 수 있다.

　이제 '깨어남'이라는 것에 대한 두 번째 측면에 대해 알아보자. 우선 인간은 세 가지 존재로 이루어져 있다는 것을 알아야 한다. 첫 번째 존재는 영원불멸의 존재라고 할 수 있는 **'영체(靈體)**'이다. 기독교는 보통 '영'이라고 부른다.

　그다음은 **'정신체'**라고 할 수 있는 '혼'이다. 세 번째는 우리 눈에 보이고 만질 수 있는 **'육체'**이며, '육'이라고 부른다. 지금까지는 **'정신체로부터의 깨어남'**을 나누었다. 인간은 교육을 받으며 눈으로 보고 귀로 듣고 머리로 이해하며 생각한다. 그런데 정신체 이전에 우리에게는 영체라는 존재가 있다. '내가 생각하고 있는데, 그러면 나의 영체는 또 누구인가?'라는 의문이 들 수 있다. 마치 우리의 몸이 죽으면 모든 것이 끝날 것 같은 생각이 드는 것은 육체의 신경이 곧 나의 모든 것처럼 느껴지는 것이 아니겠는가!

　하지만 그렇지 않다. 우리의 정신체가 진정한 나의 존재라면 치매나 정신 분열과 같은 병을 어떻게 설명할 수 있을 것인가? 우리가 생각하고 행동하기 이전 우리의 근원적인 존재인 영체는 우리의 정신체에 의해 활동을 제약받는다. 정신체의 억누름 속에서 죽어 있는 것과 같은 존재가 우리의 '영'이다.

이것을 영적으로 표현한 것이 잠을 자고 있다는 것이다. 잠을 자고 있는 존재는 우리의 육도 아니요, 정신체도 아니다. 바로 우리의 '영'이다.

'영'이 잠을 자고 있는 이유는 무엇일까?

그것은 정신체가 온전히 우리의 모든 사고와 행동을 주관하기 때문이다. 많은 사람들이 복음을 받아들이고 있다. 그러나 그중에는 실제 영으로 받아들인 것이 아닌 정신체로 받아들인 사람들이다. 이들은 믿지 않는 사람들과 별반 다르지 않게 삶을 살아가고 있다.

> "무리와 제자들을 불러 이르시되 누구든지 나를 따라오려거든 자기를 부인하고 자기 십자가를 지고 나를 따를 것이니라"
>
> (마가복음8:34)

말씀에서 **'자기를 부인한다는 것'**은 우리의 영이 아니라 정신체를 부인하라는 것이다. 우리의 정신체는 실제로 우리의 육체와 같아서 세상을 바라볼 수밖에 없다. 자라 온 환경, 학교 교육, 세상에서 말하는 논리, 유행, 시대적인 경향에 익숙해져 있기 때문이다. 그러므로 정신체는 눈에 보이고 귀에 들리는 모든 것들을 바탕으로 분석하고 생각한다. 당연히 이러한 관점은 세상적이며 영적인 표현으로 말하면 육적인 사람이라고 말할 수 있다.

모든 육적인 존재들에게서 나온 육적인 것들은 실제로 아무런 의미도 없다. 다만 영적인 것들이 나올 수 없도록 장애물만 세우는 형상이 될 뿐이다. 하나님의 신비를 알 수 있는 '삼위일체 교리'는 '성부 하나님과 성자 하나님, 성령 하나님은 한 분'이시지만 위격이 다르다는 것이다. 하나지만 다른 존재고, 다르지만 하나인 존재라는 것이다. 이 하나라는 존재는 서로가 일치한다는 것이다. 우리의 영체, 정신체, 육체도 하나가 되기 위해서는 우리를 계속해서 힘들게 하는 정신체가 아닌 영이 깨어나야 한다.

하나님의 아들인 영, 주 성령과 일치된 우리의 영, 다시 말해 '신성(神聖)'으로 하나가 되어야 한다.

성도는 하나님과의 일치를 위해서 살아가는 사람이다. 그러므로 우리의 육적인 욕구만을 채우려는 정신체를 이겨야 한다. 이것이 곧 영적 전쟁이며, 진정한 의미의 깨어남이다.

헛됨의 앎(Knowing what's in vain)

다윗의 아들이며, 예루살렘의 왕인 솔로몬은 하나님께 구한 것이 하나 있었다. 그의 청원은 다름 아닌 지혜(Wisdom)가 아니었던가! 지금까지 수많은 인간이 태어나고 세상을 떠났지만, 그 누구도 솔로몬이 받은 지혜의 수준까지는 도달하지 못했다.

지혜는 단순히 땅을 일구는 방법, 농사짓는 방법 같은 삶의 기초적인 측면이나 지식을 말하는 것이 아니다. 게다가 '지식이라는 것' 자체도 육적인 영역에 속해 있는 것이기에 지혜는 모든 사고 체계를 포함하고 아우르는 영역에 속해 있다. 실제로 지혜는 하나님의 능력이며 그분의 고유한 영역이라는 것은 의심의 여지가 없다.

지혜의 대명사라고 하는 솔로몬은 자신을 가리켜 전도자(앞에서 인도하는 사람, 복음을 전하는 사람)라고 말하고 있다.(전도서1:1) 그런데 다윗의 아들이자, 예루살렘의 왕이 매우 파격적이며 당혹스럽기까지 한 표현을 사용한다. 그것은 모든 것들을 지칭하며 '헛되다'고 한 것이다.

그렇다면, 이 전도서를 읽는 독자들은 '헛되다'에 대한 솔로몬의 명제를 어떻게 받아들여야 할까? 사실 '헛됨'을 이해하기 위해서는 누구나 '삶 속의 딜레마'를 극복해야 한다. 어찌 되었건 이미 '모든 것이 헛되다'는 명제로 결론이 나왔기에 그러하다. 우리는 이 말씀을 받은 수신자로서 두 가지의 길을 선택해야 한다.

'받아들이느냐? 거부하느냐?'

그런데 사실 이 선택은 받아들임이 아니다. '삶이 헛되다'는 것을 '아는가? 모르는가?'로 나뉘게 될 뿐이다. 먼저 '모든 것이 헛되다'는 것에 무지한 상태를 생각해 보려 한다. 전도서 말씀을 들었든 듣지 못했든, 인간 대부분은 실제로 '헛되다'의 의미를 모르고 살아간다. 그런데 헛됨의 앎과 무지의 양극단의 사람들 중 또 다른 부류가 섞여 있다. '세상만사가 헛되다'라는 말씀을 문자적으로 받아들여서, 오직 '헛됨의 늪'에 머무는 사람들이 바로 그들이다. 이러한 경향이나 관념을 바라보는 관점을 '염세주의(Pessimism)'와 '허무주의(Nihilism)'라고 한다.

그러나 처음부터 헛됨의 늪 속에서 살아가는 사람은 없다. 다만 삶이라는 속임수와 오류의 파도에 휘말리게 된 것이 아니겠는가!
쉬운 예로 올드 팝송 하나를 소개하고자 한다. 제목은 Neil Sedaka(닐 세다카)의 「You Mean Everything to Me」이다. 이 아름다운 노래 속에서 하나의 단서가 나온다.

Oh my darling, I love you so
오 나의 사랑, 당신을 정말 사랑해요
You mean everything to me
당신은 나의 모든 것이에요!

'오 나의 사랑, 당신을 정말 사랑해요' 여기까지는 참 아름답고 당연한 것이다. 물론 허무주의에 빠진 사람은 사랑 자체를 부인하겠지만 말이다. 그들에게 있어서 사랑은 헛되기에 '당신은 나의 모든 것이에요!'라는 고백을 하기는 어려울 것이다.

문제는 그다음의 고백이다. '당신은 나의 모든 것입니다.'라는 것이다. 이것이 '헛되다'의 의미를 모르는 사람의 전형적인 내면의 오류이다. 전도서 3장 8절에는 다음 말씀이 있다.
"사랑할 때가 있고 미워할 때가 있으며 전쟁할 때가 있고 평화할 때가 있느니라"

제아무리 영화와 같은 사랑, 세기의 로맨스를 경험한 연인이라도 서로 이해하지 못함으로 인해 갈등이나 오해 및 미움을 경험할 수 있다. 그러나 만일 상대방이 나의 모든 것이 된다면 이야기는 달라진다. "저 사람이 나의 모든 것인데, 어떻게 저런 행동을 할 수 있는가?" "어떻게 저런 말을 할 수 있는가?" "어떻게 저런 생각을 할 수 있단 말인가?"라는 반문이 그를 괴롭히며 고통스럽게 할 것이기 때문이다. 이러한 상태가 심화되면 고통을 넘어 절망으로 이어지게 될 것이다. 이것이 바로 모든 것이 헛되다는 것을 알아야 하는 절대적인 이유이다.

　　'이성간의 사랑'이 역시 헛되다는 것을 알 때, 비로소 우리는 사랑이라는 거대한 파도 속에서 중심을 잡을 수 있다. 최선의 위치에서 서로 사랑할 수 있는 것이다. '나의 연인, 배우자'가 나의 전부가 되어 그 사랑으로 고통을 받고 결국 물거품처럼 사라지는 경험을 한 사람들, 그뿐만 아니라 삶 속에서 겪는 다양한 고통이나 실패를 경험한 사람들 중에는 극단적인 선택을 하는 사람들도 있다.

　　그들은 왜 그러한 선택을 했을까?
　　그 이유는 그 대상이나 환경이 자신의 전부라고 생각했기 때문이다.

'자신이 하는 일이 헛되다는 것'을 아는 사람

　　'헛됨의 앎'을 소유하고 있는 사람은 자신이 하는 일에 모든 것을 걸지 않는다. 일은 어디까지나 일이고 자신의 삶은 소중하기 때문에 일과 휴식에 대한 명확한 기준을 가지고 있다. 그들은 일에서 잠시 멈출 줄 알고 삶 속에서 안식을 경험하며 준비한다. 결코 그 일에 자신을 묶어 버리지 않는다.

또 다른 예를 살펴보자. 인간이 살아가는 데 있어 가장 중요한 것을 '돈(Money)'이라 생각하며 추구하는 것이다. 그러나 유감스럽게도 인간의 육체는 유한하다. 통장에 얼마를 가지고 있든 자신의 생명이 언제까지 지속될지, 그의 영혼이 육체를 언제 떠날지 정확히 알 수 있는 사람은 없다. 그러므로 인간은 적어도 지구라는 장소에서는 유한한 존재다.

> "또 내가 내 영혼에게 이르되 영혼아 여러 해 쓸 물건을 많이 쌓아 두었으니 평안히 쉬고 먹고 마시고 즐거워하자 하리라 하되 하나님은 이르시되 어리석은 자여 오늘 밤에 네 영혼을 도로 찾으리니 그러면 네 준비한 것이 누구의 것이 되겠느냐 하셨으니"
>
> (누가복음12:19~20)

'재산이라는 것' 역시 인간에게는 모든 것이 될 수 없다. '헛됨의 앎'을 소유한 자는 사람의 생명이 그 소유의 넉넉함에 있지 않다는 것을 알 수 있다.

'왜 세상은 고통스러운가?'라는 질문에 답을 해 보자!

이 질문에 대해 다양한 진단을 할 수 있으리라. 다만 그 모든 답을 포괄적으로 정리해 본다면, 결국 '모든 것이 헛되다'라는 하나님의 말씀에서 자기 자신을 제외시키는 오류다.

B.C. 250~210년대 중국의 전국 시대를 통일한 황제로 잘 알려진 진시황제가 있다. 그는 만리장성을 쌓았으며, 집권 초기에는 정치를 잘하였던 것으로 알려져 있다.

그러나 중년에 접어들면서 조금씩 죽음에 대한 강한 거부감을 가졌다고 전해진다. '불로장생(不老長生)'을 믿었으며, 500명 이상의 영생을 연구하는 사람들을 각 지역으로 보냈다. 일명 '불로초(不老草)'를 구해 오도록 명령한 것이다.

그러나 죽지 않게 하는 약초를 찾지 못하고 시간은 계속 흐르기만 했으며, 그는 더욱 애가 탔다. 결국 그가 받은 처방은 '수은'이었다. 그 당시 수은은 매우 귀한 물질이었으며 금에 버금갔다고 한다. 당시 사람들에게는 소량의 수은을 섭취하면 단기적으로 피부가 팽팽해지고 힘이 솟아 젊어지는 느낌을 받는다고 알려져 있었다.

그러나 이것은 매우 위험한 처방이었다. 결국 진시황은 수은에 중독되어 코가 썩고 정신까지 병들게 되었다. 훗날 진시황의 죽음에 대해 전해 내려오는 기록에 의하면 그가 수은 중독으로 사망했다거나, 폭정으로 인해 자신을 경호하던 무사들에게 죽임을 당했다고 전해져 온다. 그토록 영생을 갈망했지만 그는 '49세'라는 나이로 일찍 세상을 떠나게 되었다.

'나의 육체 역시 헛되다'라는 생각을 하는 사람은 겸손함을 갖추게 되며 영육 간의 유익을 얻게 될 것이다. 결국 자신의 헛됨을 자각하는 사람은 오히려 자신의 삶을 풍요롭게 하며, 영광과 영생에 이르는 길을 걷게 된다.

모든 것이 헛되다는 말씀은 곧 지혜의 시작이다. '헛됨의 앎'을 통해서 인간은 깨어날 수 있으며, 깨어나야 한다. 헛되다는 것을 인식하지 못하면 인간이 얻게 될 것은 허무함과 공허함으로 인한 고통일 뿐이다.

2장 귀 있는 자가 되어라

다윗왕은 이스라엘의 두 번째 왕이 되면서, 사실상 모든 것을 다 가졌다고 해도 과언이 아닌 사람이 되었다. 그럼에도 불구하고 다윗에게 부족했던 것이 있었다. 그것은 **'이성에 대한 사랑'**이었다. 여인에 대한 연정이 향했던 곳은 자신이 신임하던 장군의 아내였다. 그는 헷 사람 '우리아'이다. 성경을 통해 보면 그는 충성스러운 군인이었으며 부하를 아끼고 정의로운 사람인 것을 알 수 있다. 부하들이 집에 가지 못하고 군 천막에서 잠을 잔다는 이유로 지척에 있는 집에 들어가지 않았던 것을 보면 알 수 있다. 그는 지휘관의 면모를 갖춘 참군인이었다.

그러나 이러한 우리아의 충직함에도 불구하고, 다윗은 그의 아내인 밧세바를 자신의 소유로 삼고 싶어 했다. 그렇게 불의함의 씨앗은 뿌려진 것이다.

두려운 나단의 책망

이러한 사정을 다 알아차린 선지자 나단은 다윗왕에게 간접적으로 그의 추한 모습을 비난한다. 자기 가축은 넘쳐 나면서 가난한 농부의 유일한 재산이자 식구 같은 암양 새끼 한 마리마저 빼앗아 버린 것을 폭로한 것이다. 말씀에는 자세히 나와 있지 않지만 부자가 빼앗은 명분은 다음과 같다.

> "내가 가진 이 많은 가축들 중에서 무엇을 골라잡을지 고민하던 차에 내가 가만히 보니 네가 가진 것은 고작 그 새끼 양 한 마리뿐이구나! 너는 그것이 있어도 그만, 없어도 그만 아닌가? 그냥 그것을 잡자!"

이 소리를 듣던 다윗왕은 분노하며 당장 그를 잡아서 죽이라고 명령했다.

그런데 나단은 "당신이 바로 그 사람입니다."라고 말을 하는 것이 아닌가!(사무엘하12:7³) 다윗의 입장에서 보면 부끄러움이 극에 달한 순간이었다. 하나님의 대언자인 나단이라 할지라도 그의 말은 거침이 없었으며 왕에게 치욕을 주었던 것은 사실이 아니던가!

다윗의 내면은 마치 편안히 산길을 걷던 등산객이 호랑이를 만난 것과 같았을 것이다. 비록 다윗이 부하 장수를 직접 죽이지는 않았지만, 그 장수를 전쟁터에 내보내고 선봉에 세운 것은 적진에서 죽기를 바랐던 것이 아니었는가! 결과적으로 본다면 우리아의 아내 밧세바를 빼앗기 위해서 우리아를 죽음으로 내몰았던 것이다. 세상적인 측면에서는 전혀 문제가 되지 않았다. 왕이 전쟁터에 군대와 지휘관을 내보내는 것은 당연한 권리 행사이며 조치이다. 누군가를 선봉에 세우는 것 역시 당연한 조치였다. 게다가 구약 시대에 미망인을 아내로 얻은 것은 칭찬을 받을 만한 일이지 비난받을 행위가 아니었다.

---

3. "나단이 다윗에게 이르되 당신이 그 사람이라 이스라엘의 하나님 여호와께서 이와 같이 이르시기를 내가 너를 이스라엘 왕으로 기름 붓기 위하여 너를 사울의 손에서 구원하고"

들을 귀가 있는 다윗

이러한 배경 속에서 이스라엘 그 누구도 다윗을 정죄하거나 문제를 제기할 명분은 어디에서도 찾을 수 없었다. 설사 있다 해도 감히 누가 그에게 회개하라는 말을 할 수 있겠는가? 그러나 하나님의 종이었던 나단은 망설임 없이 그에게 '하나님의 메시지'를 전했던 것이다. 놀라움은 계속된다. 다윗의 말은 우리의 예상을 뛰어넘는다.

"내가 여호와께 죄를 범하였노라!"

(사무엘하12:13)

다윗은 한 치의 변명도 없이 죄를 시인했다. 이렇게 쉽게 자신의 죄를 인정한 이유는 무엇일까? 마치 기다렸다는 듯이 말이다.
그에게는 특별한 것이 하나 있었다. 그것은 **'하나님의 말씀을 들을 수 있는 귀가 있었다는 것'**이다. **'자신을 향한 소리를 하나님의 말씀으로 듣는 것'**이 바로 **'귀 있는 자'**가 아니겠는가!

세상에 귀 없는 자가 있겠는가? 그러나 생각보다 많은 사람들에게 들을 귀가 없는 것이 현실이다. 육체적인 장애가 아닌 이상, 사람들은 인간관계 속에서 이루어지는 대화 및 소리에 대하여 반응한다. 똑같은 말을 들어도 저마다 해석하는 방식이나 방향이 조금씩 다르다.

하나님의 말씀 선포 역시 사람마다 받아들이는 방향이나 초점에 차이가 발생한다. 그 이유는 인간은 자신이 듣고 싶은 대로 듣기를 원하기 때문이다.

상대방이 칭찬하는 것인지 충고하는 것인지에 대한 분간이 되지 않는 사람들, 상처받을까 봐 돌려서 말하면 결코 알아듣지 못하는 사람들, 자기를 위한 말임에도 불구하고 오해를 하는 사람들, 무슨 말을 하는 건지 시작부터 끝까지 이해를 하지 못하는 사람들도 있다. 이런 사람들의 내면은 대부분 부정적인 마음으로 가득 차 있고 받아들일 귀가 없다. 물론 이해력 부족도 있겠지만 대부분 머리의 좋고 나쁨 때문이 아니다.

'나'라는 자아의 감옥

자기중심적인 사고가 내면에 지나치게 많이 자리 잡은 사람들은 '내가 곧 세상의 왕이요 재판장이자 선생'이다. 그들은 들을 귀가 없을뿐더러 자기 생각의 틀, 자기만의 세상, 자기만의 접근 방식에서 벗어날 수 없다. 다르게 표현하면 그의 의식 수준은 매우 낮은 단계라고 할 수 있다. 세상에는 생각보다 이러한 사람들이 무척 많다. 대부분의 성도들, 교회에 출석하는 사람들은 '자신은 귀가 있는 자'라고 생각할 것이다. 그러나 생각이 '관념이라는 덩어리'로 뭉쳐진 결과, 사고의 유연성이 많은 부분에서 손상을 입었다. 관념이라는 벽들이 신앙적인 발전을 멈추게 만들어 버리는 것이다. 내면의 관념 덩어리들은 '자기중심적 사고, 자기사랑'이라는 부정적인 영적 돌연변이를 창조하고 있다.

교회를 10년, 20년 이상 출석하고 집사, 권사, 장로 직분을 받고 온갖 기독교 집회, 관련 세미나를 많이 참여해도 영성이 항상 그 자리에 머무는 이유가 무엇이란 말인가! 왜 영적 성장이 안 되고 발전이 없을까? 이유는 **'자기중심적 사고라는 관념의 감옥'**에 갇혀 있기 때문이다.

예를 하나 들어 보자! 중세 시대를 살아가던 사람들이 천동설을 믿고 있었던 이유는 생각보다 간단하다. 자기가 서 있는 지구에서 하늘 곧 우주를 바라보았기 때문에 그 한계에서 벗어날 수 없었다. 당연히 지구는 돌고 있지 않고 달이나 태양이 지구를 돈다고 생각할 수밖에 없지 않은가!

그러나 실제로 지구는 자전하고 공전한다. 오늘날 이 명제는 더 이상 반박할 수 없는 과학적 사실이 되었다. 이처럼 자기중심적인 관점과 사고는 영성과 인성의 발전 및 진리와 진실을 전하는 모든 가르침과 시도를 가로막는 심각한 장애물이다.

비록 다윗은 육적인 욕망을 제어하지 못한 죄를 범했지만, 그는 자기중심이 아닌 하나님 중심의 사고를 가진 사람이었다. 그러면 우리는 이러한 반문이 들 수 있다. **'왜 하나님 중심의 사고를 가진 사람이 죄를 짓는다는 말인가?'**라고 말이다. 그러나 자기 자신을 돌아보면 그 반문은 의미가 없다는 것을 알 수 있다. 비록 하나님을 알고 매주 예배를 드리는 삶을 살아간다 해도 죄에 빠질 수 있다는 것은 누구보다 자기 자신이 더 잘 알고 있다.

"**오호라 나는 곤고한 사람이로다!**"[4]라고 고백한 사도 바울도 이러한 인간 내면의 딜레마를 알고 있었다. 선을 행하기 원하는 나와 악을 행하기 원하는 내가 자신 안에 공존한다고 말하고 있는 것이 아닌가! 하나님 중심의 사고를 가진 사람도 죄에 빠질 수 있다는 것에 대한 정당화, 당위성을 부여하려는 것은 아니다. 중요한 것은 하나님 중심의 사고와 삶 속에서도 죄와 가까울 수 있다는 '영적인 이해(Spiritual understanding)'이다. 이해하지 못하면 결코 극복할 수 없다.

다윗왕은 나단 선지자의 말을 인간의 말로 듣지 않고 하나님의 말씀으로 들었다. 그로 인해 회개의 길, 생명의 길로 가게 되었던 것이다. 이것이 **'다윗의 위대함 속의 모순이며 모순 속의 위대함'**이다. 또한 '죄 속에서의 은혜이며, 은혜 안에서 회개와 용서받는 것'이라고 할 수 있다.

당신은 정말 하나님의 말씀을 듣는 귀가 있다고 생각하는가? 하나님께서는 항상 우리를 깨우쳐 주시길 원하신다. 좀 더 높은 단계의 의식으로 우리를 이끌기를 원하신다.

그러나 우리는 여전히 분별의 능력과 지혜, 겸손의 덕목이 부족하기에 은혜의 통로와 축복의 길을 스스로 막아 버리곤 한다. 우리에겐 말씀을 들을 수 있는 귀가 필요하다. 귀가 열려야 깨어날 수 있지 않겠는가! 무엇보다도 겸손함과 온유함은 하나님의 말씀을 알아듣는 귀를 만

---

4. "오호라 나는 곤고한 사람이로다 이 사망의 몸에서 누가 나를 건져내랴"(로마서7:24)

드는 시작이자 마침의 작업이기도 하다. 시끄럽고 변화무쌍한 자아의 목소리는 주님의 음성을 들을 수 없게 만드는 걸림돌이다.

3장 나그네 길

일찍이 야곱은 이집트 파라오왕 앞에서 자신이 살아온 삶의 여정에 대해 '나그네 길'이라고 말했다. 그는 이방인의 왕 앞에서 자신의 삶에 대해 말할 수 있는 많은 표현 중 왜 굳이 '나그네 길'이라고 말했을까? 과연 '그는 나그네의 삶을 살았던 것인가?'라는 내적 질문이 들어서게 된다.

삶이라는 길

기독교 신앙을 넘어 불교나 이방 종교, 보통의 세상적인 관점에서도 삶이라는 것이 결국 '나그네 길5'이라는 데 대부분 동의할 것이다. 물론 종교마다 개인마다 내세(來世)를 해석하고 바라보는 관점에는 차이가 있겠지만 말이다. 만일 어린 학생들이나 20대의 젊은이들이 **"인생은 나그네 길입니다!"**라고 말한다면 이 소리를 들은 중년과 노년을 살아가는 사람들의 반응은 두 가지 중 하나일 것이다. 다소 고상한 표현을 사용해 보자! 첫 번째 반응은 "맞네! 그런데 젊은 나이에 벌써 그것을 깨닫다니 놀랍군!"일 것이고 다른 하나는 "자네 꽤 마음고생을 많이 했구먼! 힘내시게나!"라는 반응일 것이다.

---

5. 故 최희준님의 「하숙생」이라는 노래에서도 표현되어 나온다. "인생은 나그네 길 어디서 왔다가 어디로 가는가"

종교적인 관점이든 세상적인 관점이든 '인생은 나그네 길'이라는 체념 아닌 체념, 깨달음 아닌 깨달음을 내면에 품고 사는 사람이 많다.

야곱 역시 '인생은 나그네 길'이라는 것을 고백한다. "네 나이가 얼마냐?"라는 파라오의 질문에 **"나그네 길의 세월이 백삼십 년"**(창세기 47:9)이라고 대답한다.

이는 그가 살았던 세월 전체를 비유한 말이었다. 어릴 때, 젊을 때, 중년과 노년을 포함한 현재의 시간을 의미하는 것이었다. 내면적으로는 행복했을 때 불행했을 때를 모두 포함한 시간을 의미했을 것이다. 이러한 모든 삶의 경험들을 그는 **'길'**이라고 했던 것이며 그 길을 야곱은 '나그네 길'이라고 대답한 것이다.

그는 21년이라는 긴 세월을 삼촌 라반의 집에서 목축업을 하며 살았다. 그곳에서 아내를 얻었으며 그 시간은 분명 타향살이였다. 게다가 현재 야곱은 중동 전 지역에 펼쳐진 대흉년으로 인해 아들 요셉이 있는 이집트라는 먼 타국으로 오게 되었다. 배경적으로 볼 때 그는 실제 많은 세월을 나그네의 삶을 살았던 것이다. 그런데 야곱이 자신의 세상적인 경험으로만 '나그네 길'이라는 고백을 했다고 볼 수 없는 부분이 있다. 그것은 그의 고백 중 **'내 나이가 얼마 못 되니 우리 조상의 나그네 길의 연조에 미치지 못하나'**라는 표현으로 알 수 있다.[6] 그는 조상

---

6. "바로가 야곱에게 묻되 네 나이가 얼마냐 야곱이 바로에게 아뢰되 내 나그네 길의 세월이 백삼십 년이니이다 내 나이가 얼마 못 되니 우리 조상의 나그네 길의 연조에 미치지 못하나 험악한 세월을 보내었나이다 하고"(창세기47:8~9)

들의 삶도 '나그네 길'이었다고 말하고 있다. 이 고백은 겉으로는 타향에서의 삶을 살았던 기억이나 현실을 말하는 것 같지만 실제로 야곱은 깊은 성찰과 지혜를 가지고 있었다는 것을 알 수 있다. 이는 그가 그의 삶 속에서 부유함, 고난과 역경, 슬픔 등을 겪으면서 살았기 때문이다.

한편 **'인생은 나그네 길'**이라는 고백은 붙들고 싶었고 내 것으로 만들고 싶었으며 영원히 소유하고 싶었던 자신의 내면에 대한 역설이다. 결국 삶에 대한 초월적인 표현이었던 것이다.

인과응보(因果應報)의 길

야곱의 삶을 더 살펴보자. 속임수로 장남이 받아야 할 장자권에 대한 축복을 가로챈 야곱은 형 '에서'의 증오와 미움을 받아야 했다. 한편 자신도 결국 삼촌 라반에게 속아 21년간이나 삼촌 밑에서 일을 해야 했으며 자신이 사랑하는 여인인 라헬과의 결혼도 그의 예상대로 이루어지지 않았다. 역시 라반에게 속아 라헬의 언니인 레아와 먼저 혼인을 해야 했던 것이다. 이것뿐이었는가? 이 두 자매들의 대립 구도 속에서 아버지로서 남편으로서의 역할을 해야 했다. 사랑을 쟁취하려는 여인들의 질투와 갈등 속에서 살아가는 남자의 삶은 생각보다 피곤한 삶이었다.

세월이 흐른 후 아내인 라헬을 먼저 떠나보내야 했으며 그가 가장 사랑하는 아들 요셉이 들판에서 동물에게 잡아먹혀 사망했다는 비보 속에서 고통을 감내해야 했다. 그 밖에도 11명의 아들들이 있으니 **'가지 많은 나무에 바람 잘 날 없다'**라는 속담이 온전히 그에게 적용된 삶이 었고, 야곱의 마음고생은 생각 이상으로 고통스러웠다. 야곱의 입에서 나온 고백인 **'험악한 세월을 보내었나이다'**는 '왜 인생이 나그네 길인가?'에 대한 이유가 되는 것이다.

이것은 역설이며 자신이 살아온 인생이 나그네 길이 아니고서는 험악한 세월을 이겨 낼 수 없었다는 고백이기도 하다. 우리 눈에 보이는 이 세상과 내 앞에 펼쳐진 삶은 그 누구도 아닌 내가 걸어가야 하는 물리적인 환경이며 '길'이다. 그러나 이 환경과 인생의 길은 모든 인간에게 두 가지의 문과 길을 걷도록 한다. 두 길은 '좁은 길과 넓은 길'[7]이다. 인간이 문을 열고 들어가서 걸어가야 하는 길은 예수님께서 말씀하신 것처럼 '좁은 문, 좁은 길'이다. 그 길은 사랑의 길이며 지혜의 길이고 진리의 길이다. 결국 그 길은 그리스도를 아는 사람만이 걸어갈 수 있는 하나님을 향한 길인 것이다.

인생이라는 길을 바라보는 관점

이러한 좁은 길을 걸어가는 사람들은 세상을 어떠한 눈으로 바라볼까? 그것은 **'관찰자의 눈'**이다. 소설에서 말하는 1인칭 관찰자(Obser-

---

7. "좁은 문으로 들어가라 멸망으로 인도하는 문은 크고 그 길이 넓어 그리로 들어가는 자가 많고 생명으로 인도하는 문은 좁고 길이 협착하여 찾는 자가 적음이라"(마태복음7:13~14)

vant first-person) 시점과 비슷하다. 모든 상황들을 내가 경험하는 것이지만 한편 내가 보는 것이기도 하다. 삶 속에서의 상황들을 내가 겪는 것 같지만 실제로 나는 그러한 상황을 바라보는 또 다른 존재이기도 하다. 결국 **'관찰자의 눈으로 바라볼 수 있는 인생의 길이 나그네 길'**인 것이다.

나그네의 사전적인 의미는 '자기 고장을 떠나 다른 곳에 잠시 머물거나 떠도는 사람'이다. 영어 성경에서는 나그네(Wanderer)보다 더 적극적인 표현인 'Pilgrims'가 사용되었다. 우리말로는 '순례자: 종교를 목적으로 성지를 방문하는 사람'으로 해석된다. 나그네는 타향살이를 하는 사람이다. 또는 타국에서 살아가는 이방인이기도 하다. 긴 시간이든 짧은 시간이든 어떤 곳을 여행하는 사람이다. 그래서 인간의 인생을 기독교 세계관을 가지고 가장 적절하게 표현한다면 **'본향을 향한 지상에서의 여행'**이라고 말할 수 있는 것이다. 구약의 시점에서 '**본향**은 약속의 땅인 **이스라엘**이고 **현재는 광야**라는 곳을 지나는 것'이며, 신약의 시점에서 '**본향**은 **하나님의 나라인 천국**이며, **현재는 세상이라는 곳을 경험하는 것**'이다.

물론 우리는 현재 신약의 시대에 살고 있으므로 구약의 이스라엘 사람들과는 삶의 길이 다르다. 광야를 지나지도 않는다. 그러나 영적인 측면의 길은 그들과 결코 다르지 않다. 그들이 걸어갔던 길인 광야는 현재 우리가 살아가는 삶의 길과 같다. 광야를 걷다 보면 오아시스를 만나 편히 쉬고 먹고 마시는 시간이 있는가 하면 더위와 피곤함, 갈증으로 인해 고통스러울 때도 있는 것이 우리가 걸어가야 하는 세상과 닮아 있다. 한편, 운명론적인 환경은 하나님을 믿는 사람에게나 믿지 않는 사람에게나 예외가 없으며 피해 갈 수 없다. 단지 차이가 있다면 인생이라는 광야의 길이 자신에게 모든 것이라고 생각하는 관점과 광야는 과정일 뿐이라고 생각하는 관점이다. 후자의 관점이 '나그네 길'을 아는 것이고, 그리스도를 믿는 믿음이라고 할 수 있다.

여행하다 보면 아름다운 풍경과 평화로운 분위기에 취할 때가 있다. **'아! 이런 곳에서 살고 싶구나!'**라고 할 정도로 말이다. 그렇다고 그곳으로 이사하는 사람이 얼마나 될까? 현실적으로 쉽지 않기에 대부분 '나중에 은퇴하거나 경제적 자유가 생기면!'이라는 막연한 생각을 가지고 그곳을 뒤로한 채 떠나게 될 것이다. 이국적이고 아름다운 바다를 내 집에 둘 수 없고 신선이 살 것 같은 산을 내 마당에 꾸밀 수도 없다. 인생의 길도 마찬가지다.

우리는 우리 앞에 펼쳐진 세상에서 얻고 누릴 것들을 영원히 움켜잡고 있을 수 없다. 마치 나그네가 아름다운 지역을 지나치면서 겪는 즐거운 경험에 불과하다. 이런 초월적인 생각이 곧 **'인생은 나그네 길'**이라는 것이며 이것을 말할 수 있는 사람만이 삶의 지혜와 깨달음을 얻을 수 있다. 또한 이런 생각을 하는 사람이 **'좁은 길을 걷는 사람'**이기도 하다.

우리는 생명으로 인도하는 좁은 길을 걸어가야 한다. 그 좁은 길은 '삶을 관찰하는 길' 즉 여행자의 마음으로 살아가는 나그네 길을 걷는 것과 같다. 이때 한 가지 간과해서는 안 될 것은 우리는 목적지 없이 떠도는 방랑자가 아니며 우리의 목적지는 본향, 즉 하나님의 나라라는 것이다. 우리가 영원히 거할 곳은 천국이며, 우리의 영원한 삶은 천국에서의 삶이 될 것이다. 그러므로 세상의 삶에 집착하거나 회피할 이유가 없다. 바라보는 것이고 느끼는 것이며 초월하는 것이다. 그리고 우리가 초월할 삶의 모습은 기쁨과 슬픔 모두를 포함시켜야 한다. 우리에게서, 우리를 통해서, 지나가기 때문이다. '나그네의 길'을 걸어가는 자는 깨어 있는 사람이다.

4장 삼손의 의식 수준

당신은 의식(意識)이라는 말을 어떻게 이해하고 있는가? 물론 의식이라는 것 자체가 '나'라는 존재에서 비롯되기에 내가 없다면 의식은 아무런 의미가 없다. 의식이라는 것은 두 가지 측면으로 생각해 볼 수 있다.

인간의 의식

첫 번째로 의식이 있다는 것은 곧 살아 있다는 것을 말하고 그러한 의미에서 이해할 수 있다. 그러나 이러한 의미는 어디까지나 육적으로 살아 있다는 것이지 영적으로 살아 있다고 말할 수는 없다.

두 번째 의미로 의식은 **'개인적인 내면의 감정이나 생각, 그 생각의 단계 및 발전'**을 말한다. 즉 내 자신이 소유하고 있는 내면에 대한 자기 생각이나 타인이나 사물에 관한 인식을 통한 반응, 분석과 같은 생각을 말한다. 이러한 생각은 결국 말과 행위로 표현될 것이다. 당신은 지금까지 살아오면서 혹시 타인의 의식 수준을 파악하려는 시도를 해 본 적이 있는가? 대표적 상황으로 들 수 있는 것이 면접시험이다. 사실 면접관이 매의 눈으로 수험자를 살펴본다 할지라도 상대방의 의식 수준을 온전히 파악하기는 불가능하다. 한 사람의 의식 수준을 수개월에서 몇 년을 관찰했다고 해도 완전한 파악은 쉽지 않다.

그런데 누군가가 단 몇 분으로 그 사람의 지적 능력을 포함한 의식 수준을 파악했다고 한다면 이는 수박 겉 핥기 수준에 머무는 것이라고 해야 할 것이다. 그럼에도 불구하고 표면적이나마 그 사람의 의식 수준을 파악하기 위해 학력 및 경력, 배경 외에도 그 사람의 표정 및 말과 행동을 관찰할 수 있다.

한편 좀 더 깊이 있게 확장해 들어가 보자. 의식은 한 개인이 역사적 사건, 다양한 현상이나 이념에 대해 갖는 견해 또는 관점의 방향, 해석이라고 할 수 있다. 쉽게 표현해 본다면 **'저 사람은 진보주의적, 보수주의적인 세계관을 가지고 있어! 저 사람은 엘리트 의식이 있어!'** 라고 할 수 있겠다.

의식 수준

필자가 말하고 싶은 것은 이러한 의식에 대한 높고 낮음의 수준이 있다는 것이다. 사람들은 선과 악을 구별해야 하는 것에는 대부분 동의한다. 그래서 윤리적이고 도덕적인 측면을 중요시한다.

마치 에베소교회가 '니골라 당의 행위를 미워하는 것'[8]에만 치우친

---

8. 계시록2:6 말씀에 있는 표현으로 기독교가 세상을 대표하는 종교가 되었을 때, 교회는 신앙을 가진 공동체들을 조사하고 그들을 판단했다. 자신들의 거울로 비추어 볼 때, 이해할 수 없거나 교리에 어긋나 보

것처럼 말이다.

물론 '선과 악을 판단한다는 것' 자체도 의식의 수준에 포함된다. 악이라는 것을 알면서도 악을 행하는 자, 자신의 악한 행위 자체를 악하다고 인지하지 못하는 것이 바로 의식이 낮다는 것을 증명하는 것이다.

본론으로 들어가자. '삼손은 누구인가?' 삼손은 이스라엘의 열두 번째 판관 곧 사사이다. 당시 이스라엘에서 사사는 모세를 이은 여호수아의 후계자이며 제자라고 할 수 있다. 게다가 삼손의 출생은 보통의 사람과는 다소 차이가 있었다. 성경을 보면 임신이 어려운 여인들이 하나님의 은혜로 극복한 사례들이 있다. 아브라함의 아내 사라에서 시작해서 이스라엘의 마지막 사사인 사무엘의 어머니 한나 역시 불임으로 고통받았다. 하나님께서 그들의 눈물의 기도에 응답하셨던 것처럼, 삼손의 어머니도 결국 아들을 얻게 되었다.(사사기13:2~3)[9]

삼손은 나실인으로 태어나게 되었다. 나실인은 히브리어로 '나지르(נזיר)'인데 이 의미는 '거룩하게 된, 분리된'이다. 그러므로 삼손은 특별히 하나님의 사람으로 예정된 사람이었다.

그러나 삼손은 이스라엘 백성을 이집트에서 이끌어 낸 모세, 가나안

이거나 로마 교회에 충성하는 모습이 없을 때, 그들은 이단 정죄를 했다. 예로써 중세 시대의 교회는 이단을 판단하고, 사냥하는 일에 몰두했기 때문이다. 물론 이단은 정죄를 받아야 한다. 이단은 악한 것이기 때문이다. 그러나 오직 이단을 정죄하고 이단을 찾아다니는 것이 전부라면, 교회는 오직 '니골라 당의 행위'만을 미워하는 것이 되고 만다. 이러한 교회는 높아진 마음으로 인해 하나님의 사랑에서 멀어질 수밖에 없다.

9. "소라 땅에 단 지파의 가족 중에 마노아라 이름하는 자가 있더라 그의 아내가 임신하지 못하므로 출산하지 못하더니 여호와의 사자가 그 여인에게 나타나서 그에게 이르시되 보라 네가 본래 임신하지 못하므로 출산하지 못하였으나 이제 임신하여 아들을 낳으리니"

정복 전쟁을 수행한 여호수아 등과는 다소 다르게 보인다. 그것은 다름 아닌 그의 **'낮은 의식 수준'**에서 비롯된다.

부모의 권고를 무시하는 삼손

삼손의 낮은 의식 수준을 엿볼 수 있는 첫 번째 일은 아내를 얻는 것부터 시작한다. 삼손은 그의 부모에게 다음과 같은 말을 한다. 그것은 **'내가 그 여자를 좋아하오니'**라는 것이다. 고대나 현대를 막론하고 결혼은 매우 중차대한 일이다. 결혼은 결혼 당사자들의 삶을 행복과 불행으로 결정지을 수 있는 큰일이었으며, 나아가 집안과 집안의 연합이기도 하다. 더 나아가 나라와 나라를 동맹 관계로 결속하는 수단이 되기도 했다. 삼손의 부모는 보통의 부모와 같이 이스라엘 동족 사이에서 며느리 얻기를 원했다. 마치 조상인 이삭과 리브가가 장남인 에서에게 원했던 것과 같은 마음이었다.

그러나 삼손은 야곱이 아닌 에서의 길을 택했다. 그가 부모의 권고를 거부한 이유는 다름 아닌 **'내가 좋아서'**였다. 요즘 사회에서는 충분히 이해할 수 있다. 그러나 의식 수준이 감정을 초월한다는 점을 생각해 볼 때, 삼손은 감정적이고 즉흥적이며 사려 깊지 못했다.

삼손에게 아쉽고 결핍되어 있는 것은 첫째, **'배우려고 하지 않았다는 것'**이다. 배우지 않으려는 것은 다르게 표현해 본다면 권고나 충고를 들으려고 하지 않는다는 것이다. 듣지 않는다는 것은 낮은 의식을 소유한 사람들의 공통된 속성인 **'귀를 닫는다는 것'**이다.

예수님께서는 '귀 있는 자는 들으라' 혹은 '들을 귀 있는 자는 들을지어다'라고 말씀하셨다. 주님께서 들으라 말씀하심은 **'듣고 깨달아라!'**라는 것이다. 인간은 이 주님의 권고를 너무나 쉽게 버린다. 구약의 사사인 삼손은 부모의 입을 통해 말씀하시는 하나님의 권고를 듣지 않았다. 이스라엘 중에서 아내를 얻으라는 것은 부모의 바람을 넘어 하나님의 음성이며 명령이었다. 그러나 삼손은 '내가 좋으면 그만이지 다른 무엇이 중요한가!'라는 논리로 블레셋 여자를 아내로 맞이한다.

지혜의 근원인 하나님

여기서 우리는 '의식의 높고 낮음'에 대한 통찰을 얻을 수 있다. 의식의 높낮이에 대해 다양한 것들로 측정하고 논할 수 있지만, 대표적인 기준이 **'지혜를 가까이하는 것과 멀리한다는 것'**이다. 물론 타인의 권고나 충고가 언제나 지혜를 말한다고 볼 수는 없지만 말이다. 그러나 성도는 성경, 설교뿐만 아니라 책으로부터, 가족이나 친구, 지인, 이웃으로부터 예기치 않는 하나님의 음성을 듣게 된다. '그것을 간과하느냐, 듣고 깨닫느냐?'는 전적으로 그 사람의 의식의 높고 낮음에 달려 있다. 의식이 높은 사람은 비록 자기보다 어린 사람이든 사회적 지위가 낮은 사람이든 그 누가 되었든 간에 그들의 생각이 담긴 말을 함부로 흘려듣지 않는다.

이유는 무엇인가? 그들은 숨겨진 보화, 곧 지혜를 찾기 원하기 때문이다. 그러나 의식 수준이 낮은 사람은 오직 자아로부터 나오는 주관적이고도 이기적인 생각, 감각적인 감정에만 집중한다. 모든 지혜는 하나님으로부터 온다. 지혜가 곧 하나님이시다. 의식이 높은 사람은 지혜를 사랑하며, 그 지혜를 얻으려고 노력한다. 지혜는 겸손한 마음을 가진 순종의 사람만이 취할 수 있다. 교만하고 마음이 강퍅한 사람, 자신만의 견해와 논리에 갇혀 있는 사람은 결코 이 보석을 얻을 수 없다. 지혜는 바람 같아서 순간적으로 다가왔다가 빠르게 우리에게서 벗어나고 만다. 지혜는 그리 많은 시간을 우리에게 허락하지 않으므로 지혜가 우리의 귀에 들릴 때, 우리는 그 지혜를 잡아야 한다. 지혜를 붙잡으려는 사람, 지혜를 사랑하는 사람이 바로 '영적으로 깨어 있는 사람'이다.

> "지혜를 버리지 말라 그가 너를 보호하리라 그를 사랑하라 그가 너를 지키리라 지혜가 제일이니 지혜를 얻으라 네가 얻은 모든 것을 가지고 명철을 얻을지니라 그를 높이라 그리하면 그가 너를 높이 들리라 만일 그를 품으면 그가 너를 영화롭게 하리라"
>
> (잠언 4:6~8)

충동적인 말과 행동을 자제하라

두 번째로 삼손의 낮은 의식을 엿볼 수 있는 것은 '**충동적인 말과 행동**'이다. 삼손은 마음에 둔 블레셋 여인을 아내로 맞이하면서 주변 블레셋 친구들에게 수수께끼 하나를 낸다. 그것은 다음과 같다.

"먹는 자에게서 먹는 것이 나오고 강한 자에게서 단 것이 나왔느니라"

(사사기14:14)

그는 자기가 경험한 죽은 사자의 몸에 있었던 벌꿀을 이 블레셋 사람들은 결코 알 수 없으리라 생각했던 것이다. 재미와 욕심이 복합된 경거망동(輕擧妄動)이었다고 할 수 있겠다.

그러나 결국 여자의 눈물에 약한 삼손은 비밀을 가르쳐 주고 만다. 약속은 약속인지라 그는 블레셋 땅인 '아스글론'이라는 곳에 가서 죄 없는 사람 30여 명을 죽이고, 죽은 자들의 옷을 가져와서 내기를 한 사람들에게 나누어 주었다. 이처럼 충동적인 말과 행동은 모든 관계와 신뢰를 무너뜨리게 한다. 세상에서는 이러한 사람을 인격이 부족하다고 평가하겠지만 영적으로 말하면 육적인 사람, 세상적인 사람의 대표적인 속성이고, 그의 의식 수준은 매우 낮은 상태이다.

세상에는 복음을 받아들인 사람들이 많이 있다. 주일마다 전 세계에서는 예배를 드리고 찬양을 하며 말씀에 대한 가르침을 받고 있다. 그러나 아이러니하게도 하나님을 믿는 사람들이라는 성도마저도 그들의 신앙생활과 그들의 의식의 수준은 비례하지 않는다. 불신자들과 비교해 볼 때, 오히려 더 낮은 사람들도 많다. 이것이 모든 종교의 딜레마이며 특히나 기독교에서의 최대 딜레마이기도 하다.

왜 신앙과 의식 수준이 비례하지 못할까?

신앙과 의식 수준이 비례하지 않는 이유는 영적으로 배우려고 하지 않는 것, 권고나 충고, 교훈을 무시하는 내면의 견고한 성이자 방어막 때문이다. 또한 이런 사람은 항상 충동적으로 말을 한다. 충동적인 말은 곧 행위로 이어진다. 자신의 입에서 나온 말과 행위로 인해 그의 삶은 부정적으로 흘러가게 될 것이다. 이러한 의식을 소유한 사람의 열매는 다름 아닌 '**죄**'이다.

'내가 과연 그리스도의 제자인가?'는 '당신의 의식 수준은 어느 정도인가?'라는 질문과 맥을 같이한다. 분명한 것이 있다면 그리스도의 제자는 의식 수준이 높다는 것이다. 낮은 의식 수준으로는 제자로서의 삶을 감당할 수 없기 때문이다.

그리스도의 제자는 세상에서 홀더(holder)의 모습으로 살아간다. 먼저는 내 가정을 지탱하며, 내가 속해 있는 공동체에서 빛과 소금이라는 사랑의 향기가 충만한 자들이다. 이런 사람의 의식 수준은 낮을 수 없다.

주님을 바라보고 그분을 믿고 따르는 것은 다름 아닌 '나 자신의 의식을 높이는 것'이라고 할 수 있다. 나의 '유한함에서 무한함을 바라보는 것'이다. '빼앗고 받으려는 삶에서 베푸는 삶'으로 바뀌는 것이다. '이기적인 마음에서 이타적인 마음으로 발전하는 것'이다. 이것을 마음속 깊이 깨닫고 삶을 통해서 실천하는 자가 신앙인이며 그리스도의 제자인 것이다. 그리스도의 제자는 오직 나를 위한 삶에서 하나님을 향한 삶으로 전환된 사람이다. 영적으로 깨어난 사람은 이웃의 슬픔을 위로하고 나눌 수 있는 사람이다. 또한 이웃의 기쁨을 축하해 주고 기꺼이 기뻐해 주는 사람이다. 우리 모두 영육 간의 가면을 벗어 버려야 한다. '신앙생활, 믿음의 삶'은 내가 쓰고 있는 가면을 더욱 두껍게, 다르게 만드는 것이 아니다. 나를 둘러싸고 있는 육적인 껍질, 곧 가면을 온전히 벗어 버리는 것이다. 그리고 사랑을 밖으로 표출해야 한다. 내면의 순수함이 밖으로 나올 때 우리의 의식 수준은 상승할 것이다. 이것이 또한 영적인 잠에서 깨어남이라고 할 수 있다. 그리하면 내 안에 계신 하나님의 빛이 비로소 나를 통해서 발산될 것이다.

5장 변화의 강을 건너라

한때 우리나라에서 이슈가 되었던 前 삼성 그룹 이건희 회장이 생전에 남긴 어록을 소개하고자 한다. 그분의 표현을 그대로 인용해 보면 '마누라, 자식 빼고 다 바꿔라'라는 것이었다. 이런 말을 한 이유는 기업의 발전 및 경영은 직원 한 사람 한 사람의 변화에 의하지 않으면 이루어지지 않기 때문일 것이다.

당신은 이러한 생각을 한 적이 있는가? 정말 나의 모든 것들을 바꾸고 싶은 생각이 든 적이 있는가 말이다. 성경에는 '옛 사람에서 새 사람으로 변화된다는 것'에 대해 언급하고 있다. 사실 이 변화는 부분적인 것이 아닌 전반적인 변화를 의미한다. 옛 사람은 어떤 사람일까? 우리는 새 사람이 되려면 옛 사람이 어떤 사람인지를 먼저 알아야 한다. 그 옛 사람은 다음과 같은 사람이다. **성경은 옛 사람을 '썩어져 가는 구습을 따르는 사람'**[10]이라고 정의하고 있다. '썩어져 가는 구습'이라는 것은 어떠한 삶의 모습일까?

첫 번째로 **'마음의 허망한 것으로 행함'**[11]을 말한다. '허망하다'는 '거짓되고 비정상'이라는 사전적 의미를 가진다. 『누구를 위하여 종은

---

10. "너희는 유혹의 욕심을 따라 썩어져 가는 구습을 따르는 옛 사람을 벗어 버리고"(에베소서4:22)
11. "그러므로 내가 이것을 말하며 주 안에서 증언하노니 이제부터 너희는 이방인이 그 마음의 허망한 것으로 행함 같이 행하지 말라"(에베소서4:17)

울리나』의 작가인 헤밍웨이는 자신의 주옥같은 작품과는 달리 허망하게 세상을 떠났다. 그의 허망함의 열매는 '자살'이었다.[12] 헤밍웨이의 작품을 통해 작가의 내면을 들여다보면 그는 남자로서의 당당함, 자신감, 자존감이라는 것에 매우 집착했다고 느껴진다. 특히 전쟁을 겪었던 경험, 비행기 사고 및 건강 이상과 같은 문제들이 그의 삶에 닥쳤을 때, 그에게는 우울증이라는 마음의 병이 함께 동반되었다. 그러나 그는 이러한 우울증을 치료하거나, 상담을 받는 것이 건강하고 멋진 남성이라는 자신의 믿음에 대한 파괴적인 행위라고 생각했던 것 같다.[13] 결국 그는 엽총으로 자신의 머리를 쏘고 숨지게 된다. '남자다움, 남자로서의 자존감' 자체가 나쁜 것은 아니다. 다만 그것에 필요 이상으로 집착하는 순간 그것은 허세가 되고 교만으로 발전할 수 있다. 결국 허망한 것으로 바뀌게 될 뿐이다. 인간은 누구나 늙고 병들고 나약해진다.

헤밍웨이를 예로 들었지만, 하나님의 은혜로 마음이 새롭게 되지 못한 사람은 다양한 삶의 환경과 시간의 흐름 속에서 정도의 차이가 있을 뿐, 허망한 것을 추구하며 살아갈 수밖에 없다.

---

12. 헤밍웨이의 삶과 죽음에 대한 개인적인 선택에 대해 비판하려는 의도는 없다. 개인적인 상황에 따라서, 육체를 떠나는 방법을 자살이라는 도구를 선택한다는 것의 사연들에 대해 누구든 쉽게 판단하거나 비난해서는 안 될 것이다. 다만 육체를 떠나야 하는 영혼에게 있어서 삶에 대한 간절함과 후회, 연민 등을 뒤로한 채 그들이 선택할 카드가 자살이라는 것밖에는 없다고 생각하거나 그와 비슷한 상황에 대해 매우 유감스럽고, 그것이 슬픈 일이라는 것을 말하고 싶을 뿐이다. 또한 인간이 죽음을 맞이하는 방법이 여러 가지가 있지만, 적어도 '자신이 스스로 생명을 버리는 방법 외에 다른 것은 없는가?'에 대해 다른 대안을 생각해 보고 싶었다.
13. 이 부분에 대해 헤밍웨이를 연구하는 학자들 사이에서, 혹은 헤밍웨이의 인터뷰집으로 알려져 있는 『헤밍웨이의 말』을 통해서도 알 수 있다. 그는 어쩌면 완벽주의자이며, 남의 시선을 많이 의식한 사람일 수 있다. 자신만의 삶을 살아가려는 진취적이고 강인한 성품의 남자, 당당하고 강한 성격의 그에게 다가온 육체적인 결핍은 그에게 감당할 수 없을 만큼의 고통으로 다가왔을 것이다.

두 번째로 '썩어져 가는 구습'을 따르는 것은 **'방탕한 삶, 욕망에 얼룩진 삶을 살아가도록 부추기는 육체의 일'**[14]을 의미한다.

육체의 일인 음행과 호색, 우상 숭배, 주술, 원수 맺는 것, 분쟁과 시기, 분냄, 당 짓는 것, 분열함과 이단, 투기, 술 취함과 같은 방탕은 우리가 사는 이 세상의 어두운 면임이 분명하다. 물론 사람들은 어느 선까지는 이러한 것들을 정상 아닌 정상이라고 생각하며 살아가고 있지만 말이다. 이 육체의 일에는 항상 유혹받고 싶은 **'욕심이자 욕망'**이 내포되어 있다.

요즘 언론을 통해 마약에 대한 위험성 및 확장에 대한 경고의 메시지가 많이 나오고 있다. 마약이 인간에게 치명적으로 위험하다는 것을 모르는 사람은 없을 것이다. 그럼에도 불구하고 마약을 하는 사람들이 늘어나는 이유는 '쾌락'이라는 유혹에 대한 욕망이 사람들의 내면에 자리 잡고 있기 때문이다. 모든 육체의 일은 곧 유혹에서 비롯되며, 그 유혹에 빠지고 싶은 욕심에서 기인한다.

심령이 새롭게 되다

'마음이 새롭게 된다는 것'은 단순히 새로운 마음을 품는다는 것만을 의미하지 않는다. 또한 기독교에만 한정되어 있는 것도 아니다. 새

---

14. "육체의 일은 분명하니 곧 음행과 더러운 것과 호색과 우상 숭배와 주술과 원수 맺는 것과 분쟁과 시기와 분냄과 당 짓는 것과 분열함과 이단과 투기와 술 취함과 방탕함과 또 그와 같은 것들이라 전에 너희에게 경계한 것 같이 경계하노니 이런 일을 하는 자들은 하나님의 나라를 유업으로 받지 못할 것이요" (갈라디아서5:19~21)

롭게 된다는 것은 지금까지 살아오던 방식, 내면에 자리 잡은 관념, 자주 하던 생각으로부터 전혀 다른 방향으로 나아가는 것을 의미한다. 이 마음은 종교뿐 아니라 삶의 의지, 가치관, 세계관 등이 변화된다는 것을 의미하기도 한다.

세계사적으로 고대 로마 제국과 관련한 강이 하나 있다. 그 이름은 '루비콘강(Rubicon)'으로, 선택의 기로에 서 있을 때를 상징하는 단어가 되었다. 때는 B.C. 53년경으로 율리우스 카이사르 시저는 지금의 프랑스 지역인 갈리아 지방을 원정하고, 영국에 이르기까지 정복 전쟁을 성공적으로 수행하고 돌아오는 길이었다. 그의 군대는 당당하게 로마로 개선하고 있었다. 그러나 정복자이자 위대한 전쟁 영웅인 시저를 기다리는 것은 개선장군에 어울리는 환영과 칭송의 박수가 아니었다. 이미 로마의 원로원이나 정적인 폼페이우스가 자신을 죽이려고 한다는 정보가 그의 귀에 들려온 것이다. 이런 상황 속에서 그의 눈앞에 보이는 로마로 들어가는 길목인 루비콘강은 유유히 흐르는, 건너야 할 단순한 강이 아니었다. 결국 루비콘강은 그에게 생(生)과 사(死)의 결단을 해야 하는 곳이었다. 모든 지휘관들은 루비콘강을 건널 때에 항상 군대를 성 밖에 주둔시키고 지휘관만이 입성해야 했다. 이것은 불문율로, 만일 군대와 함께 입성하면 반란이었기 때문이다.

시저가 선택할 카드는 두 가지였다. 하나는 홀로 들어가 죽임을 당하는 것이었고 다른 하나는 군대와 함께 들어가, 소위 말하는 혁명을 일으키는 것이다. 그는 '주사위는 던져졌다'라는 유명한 말을 남기며 자신의 군대와 함께 강을 건넜다. 그 후 그는 마음만 먹으면 로마의 황제로 등극할 수 있는 막강한 군대와 권력을 손에 쥐게 된다. 시저의 경우를 예로 들었지만, 인간의 마음이 새롭게 된다는 것은 과거의 마음을 온전히 버리고 새로운 마음을 품는 것과 같다. 이 새로운 마음은 자신의 삶을 온전히 바꾸는 것이고 죽음과 같은 위험을 극복하는 것이고, 지금까지 살아온 모든 가치관이나 세계관, 정치관 등과 같은 신념을 수정하는 것이며 때로는 이를 버리는 것이다.

우리가 하나님을 발견하고 그분을 알게 될 때 이러한 새롭게 함을 입게 되며, 새로운 마음을 품게 된다. 그 후 우리는 건물이 세워지는 과정처럼 조금씩 자라나며 성장하게 된다.

새로운 마음을 품은 사람, 심령이 새롭게 된 사람은 '**하나님을 따라 의와 진리의 거룩함으로 지으심을 받은 새 사람**'[15]이 되는 것이다.

하나님을 따라 의(義)와 진리(眞理)

'하나님의 의'는 '인간의 의'와는 근본적으로 다르다. '의(義)'는 곧 우리 주 예수 그리스도를 의미한다. 하나님의 의는 그 신비로움이 너무나 깊고 높아서 인간의 의로는 이해할 수 없다. 단지 우리가 이해할 수 있는 수준은 하나님께서 인간을 의롭게 여기신다는 앎이자 믿음이다. 이 명분은 '인간의 모습으로 오신 하나님을 믿는 그 믿음을 의롭게 여기시는 것'을 의미한다. 다시 말해 그리스도를 온전히 영접하고, 그분과 하나가 된 인간이 하나님께서 보실 때 의롭다는 것이다. 인간의 이

---

15. "하나님을 따라 의와 진리의 거룩함으로 지으심을 받은 새 사람을 입으라"(에베소서4:24)

기적인 자아(Ego)로는 결코 의롭다 함을 받을 수 없다.

당신은 진리가 곧 예수 그리스도라는 사실을 인정할 수 있는가? 물론 성경에 쓰여 있다고 하지만 그 사실만으로 우리가 온전히 이해하고 받아들이기는 쉽지 않다.

> "예수께서 이르시되 내가 곧 길이요 진리요 생명이니 나로 말미암지 않고는 아버지께로 올 자가 없느니라"
>
> (요한복음14:6)

결론부터 말하자면 그리스도를 믿고 아는 것, 나아가 그분의 제자가 되어 온전히 가르침을 따르는 이것이 진정한 진리라고 할 수 있다. 하나님께서 창조한 물리 체계에 입각한 다양한 물리적, 화학적인 법칙도 진리이지만 인간을 구원에 이르게 하는 진리는 곧 그리스도를 온전히 아는 것[16]이다.

이러한 진리이신 그리스도로 옷 입혀진, 그분의 제자인 모든 성도들은 거룩에 이르게 된다. 인간은 거룩을 장엄한 음악과 환경, 거룩한 모습, 근엄한 표정, 거룩하게 보이는 옷만을 생각하지만 거룩은 이러한 것들을 초월한다. 거룩(Holy)은 하나님에 대해 무지하던 생각과 말, 행위로부터 새롭게 된, 구별된 상태를 말하는 것이다.

생각해 보자! 사실 세상에서 살아가는 것 자체는 고통이다. 물론 정

---

16. "영생은 곧 유일하신 참 하나님과 그가 보내신 자 예수 그리스도를 아는 것이니이다"(요한복음17:3)

도의 차이가 있겠지만 영적인 무지, 지혜의 부족으로 인해 인간은 고통 없이 살아가기 어렵다. 고통스럽기에 욕심이 생기고, 욕망 속에서 허덕이는 것이 아니겠는가! 그러나 인간이 육적인 욕망 속에서 얻을 것은 죄라는 열매밖에는 없다. 부정하고 싶고 안타까운 현실이지만, 인간은 죄에서 벗어날 길이 없다. 이것이 인간의 숙명이며, 현실이고, 미래이다.

이러한 필연적인 멸망의 상태에서 구출되고 구별되어진 사람들이 있다. 그들이 바로 하나님의 은혜로 주 예수 그리스도를 영접한 사람이다. 이 사람들은 진리의 거룩함을 입은 사람들이며 새로 지으심을 받은 사람이다. 지성으로 받아들인 그리스도가 영성으로 받아들인 그리스도로 변화된 사람이다. 또한 그리스도가 온전히 자신의 내면에서 살게 된 사람이다. 이것은 엄청난 영적인 사건이며, 당사자에게는 크나큰 영광이다. 이러한 사람은 새로운 것을 바라보며, 새로운 것을 생각하고 새로운 것을 소망하는 사람들이다. 이들에게 주어진 과제는 변화의 강을 건너는 용기와 담대함이다.

게다가 옛 사람에서 새 사람으로 변화된 사람들은 비로소 영적인 잠, 무지의 늪에서 깨어난 사람들이다. 그러므로 우리는 주님의 이름으로, 믿음으로 일어나야 한다. 과감히 변화의 강을 건너야 한다. 썩어져 가는 구습에 연연하지 말고, 헛된 욕망에 사로잡히지 말고, 하나님의 나라가 내 안에서 성취되기를 소망해야 한다. 변화의 강을 건너는 사람은 내 안에 계신 그리스도를 온전히 경험하게 될 것이다.

'나는 누구인가?'를 아는 자는 깨어난 사람이다

인간은 태어난다. 수를 헤아릴 수 없을 정도로 많은 사람들이 지금 이 시간에도 태어나고 있으며, 이미 태어났다. 반대로 너무나 많은 사람들이 지금 이 시간에도 죽어 가고 있으며 이미 세상을 떠났다. 이러한 삶과 죽음의 선상에서 '정말 나라는 존재는 무엇인지, 누구인지?'에 대한 질문과 함께 답을 찾고 살아가거나 떠나는 사람이 얼마나 될까? 아마도 극소수에 불과할 것이다. 이것이 현실이며, 고통이고, 아픔이다. 비록 그가 복음을 믿는 사람이든 타 종교를 가진 사람이든 이러한 현실, 고통, 아픔에서 자유로운 사람은 찾기 어렵다.

누가복음 15장에는 재산을 탕진하고 아버지에게로 돌아왔던 둘째 아들에 대한 비유의 말씀이 나온다. 그는 아버지에게 재산을 미리 나누어 달라고 요청한다. 그렇게 받은 재산을 가지고 먼 나라로 떠났다. 떠난 이유는 아버지의 영향력에서 벗어나고 싶었던 것이리라! 자기 마음대로, 자기 뜻대로 살고 싶었던 것이다. 그곳에서 돈 귀한 줄 모르고 방탕하게 살았다. 자신의 원대로 즐거움을 좇아 살았던 것이다. 그런데 예기치 않은 일이 벌어졌다. **'흉년'**, 그것도 대흉년을 만난 것이다. 그 역시 이 경제적인 재앙을 버틸 수 없었다. 결국 그의 자구책은 가축 농장에서 일꾼으로 일하는 것이었다. 그런데 일꾼으로 들어갔으면 적어도 합당한 급여를 받고, 먹을 수는 있어야 했지만 그마저도 그에게는 허락되지 않았다. 이 아들은 돼지가 먹는 쥐엄나무 열매로 끼니를 해결해야 했다. 흉년이 너무 심하기에 사람이나, 가축에게 먹일 먹이

마저도 턱없이 부족한 것이 그가 대면한 현실이었다.

이것은 어떤 상황일까? 인간이 겪을 최대의 위기이자 더 추락할 수 없는 위치에 있는 것이다. 그때 그는 다음과 같이 생각을 하게 된다.

'내 아버지 집에는 양식이 풍족한 일꾼이 얼마나 많은가!'[17]
계속해서 생각한다. '나는 아버지를 아버지라고 부를 자격이 없는 사람이다. 나는 품꾼이다. 그것마저도 나 같은 사람에게는 과분하다.' 이제야 둘째 아들은 비로소 '나는 누구인가?'라는 내적 질문과 함께 답을 해야 하는 상황에 직면하게 된 것이다.

인간은 재산을 탕진한 둘째 아들이다

둘째 아들은 전형적인 인간을 대표하고 있다. 자신의 정체성을 잃어버린 채 세상을 살아가는 사람 말이다. 재산을 탕진한 이유는 그의 삶이 이기심으로 가득한 삶이었기 때문이다. 그의 삶에 대한 적절한 표현은 '허랑방탕'이다.

헬라어로 ἀσώτως(아소토스)를 해석한 말인데 '저축하지 않고 무절제하며, 경솔하고, 비도덕적이다'라는 뜻이다. 인간이 하나님의 창조 원리를 따르지 않고 살게 되면 결국 허랑방탕의 삶을 살아가게 된다. 이

---

17. "이에 스스로 돌이켜 이르되 내 아버지에게는 양식이 풍족한 품꾼이 얼마나 많은가 나는 여기서 주려 죽는구나"(누가복음15:17)

것은 바로 하나님을 떠난 삶, 아버지를 벗어난 삶을 의미한다. 물론 조금씩 차이는 있겠지만, 그 차이라는 것은 '누가 더 하나님의 창조 원리에서 멀어졌는가?'에 달려 있을 뿐이다. 이 아들은 삶이 너무나 어렵고 고통스럽다. 이제야 그는 세상에서는 해답이 없다는 것을 알게 된 것이다. 그 깨달음은 아버지가 계신 곳을 동경하게 한다. 이렇게 아픈 경험을 통해 인간이 겪는 고통과 결핍이 역설적이게도 또 다른 차원의 은혜라고 말하는 이유이기도 하다.

생각해 보자! 우리는 내면에서 하나님을 찾는 존재, 영원한 나라를 동경하는 존재가 있다는 사실을 발견하게 된다. 그 존재는 바로 '나(I)'이다.

거룩함을 추구하고 싶은 존재, 고귀함을 추구하려는 내면의 존재, 누군가를 불쌍히 여기고 같이 슬퍼하는 존재, 비록 악을 행하지만 선을 행하고 싶고, 그 선을 기뻐하는 내면의 존재, 누군가를 사랑하고 또 누군가를 용서해야 함을 아는 그 존재, 그 존재가 바로 '나(I)'이다. 그리스도인들을 색출하고, 핍박하던 바울은 자신의 지체 속에 있는 두 존재를 발견하게 된다.

"그러므로 내가 한 법을 깨달았노니 곧 선을 행하기 원하는 나에게 악이 함께 있는 것이로다"

(로마서7:21)

분노가 치밀어 오를 때 모든 것을 파괴해 버리고 싶은 욕구, 죄에 대한 유혹에 끌리는 욕망, 우울해지고, 귀찮아지고, 냉소적인 생각 등 이러한 우리의 감정과 생각은 실제로 눈에 보이는 **'세상에 대한 해석'**에 불과하다. 자신이든 타인이든, 외부에서 다가오는 생각이기에 그러하다. 그래서 '고정 관념'이라는 말이 생겨난 것이 아니겠는가! 고정 관념은 나의 것이 아니지만, 마치 나의 생각인 것처럼 느껴지는 것과 같다. 이러한 고정 관념에 사로잡힌 내면이 '나(I)'라는 생각을 할 수 있지만 아니다. 성경에서는 이러한 내면을 **'육'**이라고 하며, 이러한 사람을 **'육적인 사람, 세상적인 사람'**이라고 말한다. 이러한 육적인 사고, 육적인 내면은 엄밀히 말해 '나(I)'는 아니다.

방송인 최선규 님의 경우를 생각해 보자! 그는 모태 불교인이었다. 학창 시절에도 기독교인들을 그냥 싫어했다고 한다. 어느 날 방송 중, 한 메모를 받았는데 그 내용은 '교통사고로 어린 딸의 생명이 위독하다!'라는 내용이었다. 급하게 병원을 향해 운전을 하면서 자신도 모르게 **"하나님, 제발 살려 주세요. 당신이 시키시는 것 다 하겠습니다."**라고 말했다고 한다. 절규 아닌 절규의 기도가 나오자 자신도 놀랐다는 것이다. '내 입에서 왜 이런 말이 나온 것인가!'라는 생각을 하며 병원에 도착했지만, 응급실에 있는 아이는 이미 하얀 천으로 몸을 덮은 후였다.

가족들은 넋이 나간 상태였고, 아내는 벽에 머리를 대고 절규하고 있었다고 한다. 그때 그는 절대로 딸의 죽음을 받아들일 수 없었다. 천을 내려 딸을 안고 "일어나, 집에 가야지! 여기서 왜 이러고 있어?"라고 말하며 딸을 한참 동안 안고 있었다고 한다. 그때 차갑던 아이의 몸이 점점 따뜻해지더니, 아이가 숨을 쉬면서 **"아빠, 아빠, 우리 아빠지?"** 라는 말과 함께 그의 딸은 살아났으며, 건강한 아이로 성장했다고 한다. 이 기적을 통해 하나님의 존재를 알게 된 최선규 아나운서는 그리스도인으로서 복음을 전하며 살아오고 있다. 한 번도 부르지 않던 하나님! 그 하나님이 자신의 진짜 아버지라는 것을 죽음의 경계선에서 돌아온 딸아이의 목소리를 통해서 알게 되었고, 비로소 그는 진정한 자신을 발견하게 된 것이다.

자신이 하나님을 찾았다는 사실, 기독교의 하나님이 자신에게 찾아오신 은혜의 시간을 경험한 존재는 누구인가? 바로 '나'이다. 하나님을 알고 싶은, 어쩌면 이미 알고 있는 '나(I)'라는 존재이다. 이제 '나는 누구인가?'라는 해답이 나왔다. 그것은 하나님을 찾으려고 하는 '나'[18] 하나님의 나라를 동경하는 '나', 그 나라를 인식하는 '나'이다. 곧 '나는 누구인가?'라는 내적 질문을 하는 '나'를 의미한다. 그것이 '나'라는 존재의 본질이다.

'나'라는 존재는 내가 누구인지를 생각하는 존재, 나의 아버지가 계시다는 것과 나의 본향이 있고 나의 집이 존재한다는 것을 인식하는 존재가 바로 '나'라고 말할 수 있다. 그러한 나는 본래 하나님의 아들이었으며, 지금도 그 사실은 변함이 없다. 그리고 '그 아들의 신분을 소

---

[18]. "내 속사람으로는 하나님의 법을 즐거워하되"(로마서7:22), 필자는 바울이 '하나님의 법'을 즐거워하는 속사람이라고 하는 존재를 내면의 진정한 나(I)라고 말하는 것이다. 이 속사람을 발견한 자만이 하나님을 발견할 수 있으며, 하나님의 법을 따를 수 있고, 하나님의 나라에 들어갈 수 있는 것이다.

유하고 유지하는 자' 또한 '나'이다.

　내가 누구인지를, 나를 발견하게 하신 아버지의 축복과 사랑이 얼마나 감사한지를, 영원히 그분과 거하는 것이 얼마나 큰 축복과 영광인지에 대한 자각과 앎이 바로 '영적인 잠에서 깨어나는 것'이다.

6장 필멸의 자아에서 불멸의 자아로

모든 인간은 태어나고 성장하면서 그에게 보이는 세상, 그의 귀에 들리는 세상의 소리에 완전히 압도되어 버리곤 한다. 어릴 때에는 부모님을 통해 듣고, 보거나 보이는 것으로 그의 가치관과 세계관이 정립되어 간다. 좀 더 성장해서는 학교 및 친구들에게서, 사회에 나가서는 일터에서 만나는 동료에 이르기까지 사회적인 네트워크 속에서 형성된다. 이렇듯 인간은 세상으로부터 지속적으로 공급되는 것들로 내면을 채우게 된다. 이렇게 채워진 내면은 그 사람의 자아가 된다. 인간은 이렇게 만들어진 자아를 자기 자신이라고 생각한다. 이러한 자아를 '육적인 자아, 필멸의 자아'라고 불러 보려고 한다. 이 필멸의 자아는 세상에서 본 것들, 경험들로 이루어져 있기에 삶에 대한 이해 역시 세상적인 방법으로 할 수밖에 없다.

요한복음 20장 11절 말씀은 다음과 같다.

"마리아는 무덤 밖에 서서 울고 있더니 울면서 구부려 무덤 안을 들여다 보니"

(요한복음20:11)

주님 옆에서 늘 말씀을 듣고 만족하던 사람이 막달라 마리아가 아니던가! 그녀 역시 주님께서 '죽은 자 가운데서 다시 살아나실 것'이라는 말씀을 이미 들었을 것이다. 그럼에도 불구하고 막상 예수님의 죽음을 보며 보통의 인간의 죽음과 같이 비통한 마음이었다. 게다가 시신이 사라졌다는 사실을 통해 예수님께서 부활하셨다는 것을 유추할 마음의 여유조차 없었다. 여전히 그의 내면에는 필멸의 자아가 그녀를 주장하고 있었다. 다른 제자들도 마찬가지였다. 그들 중 누구도 예수님의 부활을 생각하지 못했다. 그들의 내면은 여전히 필멸, 육적인 자아가 그들을 주장하고 있었다는 증거가 된다.

정말 이 육적인 자아는 딜레마인가?

딜레마 중에서도 가장 강력한 딜레마라고 할 수 있다. 어쩌면 이 필멸의 자아는 너무나 크고 견고해서 모든 인간은 이 자아로부터 자유로울 수 없다. 실제로 대부분의 사람들은 이 '필멸의 자아'로 살다가 세상을 떠나는 것이 아닌가! 이것은 숙명과도 같다. 우선 이 육적인 자아의 속성을 알아보자.

첫 번째 속성은 '슬픔은 곧 우울함'이다.

막달라 마리아는 울고 있다. 세상 사람들 역시 울고 있다. 지금 이 시간에도 고통과 슬픔으로 인해 눈물을 흘리고 있는 사람들이 얼마나 많겠는가? 어떤 특정한 이유가 있어서 슬픔을 겪는 사람들도 있지만, 그냥 슬픈 사람도 많다. 딱히 무엇이라고 표현하기는 어렵지만 어딘가 부족하고, 왠지 소외된 것 같고, 나만 못사는 것 같고, 우리 집안은 잘 안되는 것 같다. 다른 사람들은 다 건강해 보이는데 나만 몸이 안 좋은 것 같다.

　부정적인 과거의 경험이든, 현실에서의 불만족스러운 상황이든, 정치, 경제 및 전반적인 상황들은 인간을 우울하게 만든다. 우리를 슬프게 만드는 요소는 넘쳐 난다. 가까웠던 사람들이 병에 걸리고 죽음을 맞이하는 모습을 보며, 다른 사람은 몰라도 우리 부모님은 언제나 건강하게 나를 보살펴 줄 것 같던 믿음도 결국 무너져 내린다. 부모님의 병약한 모습을 바라보는 자녀의 마음, 결국 그분들을 떠나보내는 상실감은 어떻겠는가?
　게다가 자녀를 먼저 떠나보내는 부모의 마음은 또 얼마나 고통스럽겠는가? 굳이 육적인 자아를 논할 필요 없이 세상을 살아간다는 것 자체가 고통과 슬픔의 연속이라는 것을 부인하기 어렵다. 그러므로 **'필멸의 자아'** 는 이러한 것들로 인해 늘 슬프고 우울하다. 가끔 봄날의 따뜻한 바람과 향기로운 꽃향기와 같은 즐거움과 기쁨을 만나는 일도 있지만 말이다.

두 번째 필멸의 자아의 속성은 '두려움'이다.

　주님께서 십자가에서 죽으신 후 제자들은 몹시도 두려워했다.[19] 이들이 두려워한 존재는 자신의 동족인 '유대인들'이다. 쉽게 말하면 동

---

19. "이 날 곧 안식 후 첫날 저녁 때에 제자들이 유대인들을 두려워하여 모인 곳의 문들을 닫았더니 예수께서 오사 가운데 서서 이르시되 너희에게 평강이 있을지어다"(요한복음20:19)

네 사람들이라는 것이다.

　예수님의 가르침을 받고 따라다니는 것을 본 사람은 그들의 이웃이었다. 혹시나 그들이 자신들을 고발할까 봐 두려웠던 것이다. '나는 두려운 것이 없다'는 사람이 과연 존재할까? 아마 한 사람도 없을 것이다. '두려운 것이 없다는 것 자체가 두려움'이라고 생각하는 사람도 있을 수 있다. 사실 역설적으로 말한다면 '사는 것 자체가 두려움'이라고 해도 과언이 아니다. 슬픔, 우울감 같은 내적인 감정들은 항상 두려움을 동반한다. 누군가의 죽음은 나에게 슬픔으로 다가오지만, 그것은 곧 죽음에 대한 두려움으로 나에게 증폭되어 버리기 때문이다.

　반드시 죽을 자아인 육적인 자아는 이처럼 슬픔과 두려움 속에서 살아가야 한다. 그렇다면 왜, 인간이 자기 자신이라고 생각하는 이 필멸의 자아는 슬프고 우울하고 두렵고 피곤한 것일까? 그것은 창세기에서 답을 찾을 수 있다.

　인간과 하나님 사이의 최초의 행위 언약이라고 하는 선악과를 먹지 말라는 명령은 지켜지지 않았다. 언약의 파기는 인간으로선 감당할 수 없을 정도의 처벌이었다. 에덴동산에서 추방된 이 사건에 대해 '상징적이다, 실제의 사실이다'라는 다양한 주장과 논쟁이 있지만, 지금 그것이 우리에게 무엇이 중요하겠는가? 다만 분명하고도 우리가 알아야 할 중요한 본질은 '인간과 하나님 사이에 분리가 이루어졌다는 사실'이다.(창세기3:24[20])

---

20. "이같이 하나님이 그 사람을 쫓아내시고 에덴 동산 동쪽에 그룹들과 두루 도는 불 칼을 두어 생명 나무의 길을 지키게 하시니라"

인간은 하나님과 함께 있어야 하는 존재, 하나님과 분리되어서는 살 수 없는 존재이다. 왜냐하면 하나님께서 창조주이시고, 그분의 은총이 머무는 곳인 에덴동산이 인간의 본향이기 때문이다. 추방된 후 인간은 스스로의 힘과 지혜, 노력으로 땅의 소산을 통해 먹고살아야 했다. 그러므로 인간에게 하나님은 점점 잊히는 존재, 점점 멀어지는 존재가 된다. 그렇게 인간은 세상이 전부라는 체념 속에서 나름의 왕국을 건설하게 된다. 그리고 이곳이 나의 고향이자 본향이라는 자족 속에서 살아왔다.

그러나 이러한 삶은 녹록지 않았다. 변수 또한 너무나 많다. 끊임없이 경쟁을 해야 했으며, 이기심과 욕심으로 인한 전쟁으로 땅에 뿌려지는 피는 가늠할 수조차 없었다. 이러한 세상은 인류를 두 부류의 사람으로 나누었다.

당신은 어떤 부류의 사람인가?

하나는 '하나님을 찾고자 하는 사람들', 나머지 하나는 '조상들의 삶의 방식을 그대로 유지하면서 눈에 보이는 세상에서 투쟁과 쟁취 속에서 살아가는 사람들'이다.
하나님을 찾고자 하는 사람들에게 필요한 것은 무엇일까?
그것은 그들 내면의 **'육적인 자아를 부인하는 것'**이었다. 주 예수 그리스도의 제자들은 그분의 말씀을 들었는데도 예수님이 다시 살아나신다는 것을 생각하지 못했다.

주님이 십자가에서 죽으신 후 무덤 밖에서 울고 있는 막달라 마리아는 우리와 같다. 하나님을 아는데, 여전히 필멸의 자아에 구속받고 있는 우리의 내면과 같다. 필멸의 자아이기에 슬픈 것이다. 우리의 삶이 조금이라도 자신의 생각대로 되지 않고 힘든 상황이 오면 우울하고 짜증이 밀려온다. 우리가 부인해야 할 것이 이러한 속성을 지닌 필멸의 자아이다.

그때 이런 필멸의 자아로 인해 고통받고 두려워하는 사람들에게 변화가 일어났다. 그것은 부활하신 주님께서 이들에게 나타나신 사건이었다. 슬프게 울고 있던 여인들, 두려워서 집 밖으로 나가지 못했던 제자들 모두가 주께서 그들을 찾아오신 후에야 **기쁨을 누리고 담대함**을 가지게 된 것이다.

결국 그리스도의 부활은 그분을 따르는 사람들에게 필멸의 자아에서 불멸의 자아로 옮겨 가도록 하는 기적을 낳게 했다. 그들은 또 다른 차원의 부활을 경험하게 된 것이다. 지금도 주님의 부활은 해마다 돌아오고 전 세계적으로 부활절 예배가 거행되고 있다. 지금도 다를 것이 없다. 하지만 부족한 것은 우리가 그분을 온전히 받아들이지 않고 있다는 사실이다.

주님을 온전히 받아들이는 것은 무엇인가?

하나님을 온전히 받아들인다는 것은 필멸의 자아를 내려놓고 불멸의 자아, 곧 하나님의 영으로 살아가는 것이다. 필멸의 자아를 내려놓음에 대한 의미를 미국 어느 중년 여인의 일화를 가지고 나누어 보겠다.[21]

이 여인의 남편은 결혼하고 아이를 낳은 지 얼마 지나지 않아 다른 여자와 캐나다로 떠나 버렸다. 남편은 연락을 끊었고 아이에 대한 양육에 관련한 어떠한 도움도 주지 않았다. 그녀는 작은 가게를 하면서 생계를 유지했다. 어떻게든 잘 살아 보려고 했지만 삶은 나아지지 않았다. 어느덧 자신의 딸은 대학에 입학할 나이가 되었다. 학비부터 시작해서 그녀에게 닥친 어려움, 우울감은 더 이상 삶을 살아가고 싶지 않도록 부추겼다. 그녀는 심한 우울증으로 고통받았다.

그녀는 다음과 같은 생각이 있었을 것이다.
'다른 친구들은 자상한 남편 만나서 저렇게 안정되게 사는데, 나는 왜 이 모양일까!', '더 이상 살면 무엇 하나?'라고 말이다. 특히나 자신의 삶을 망쳐 버린 전 남편을 생각하면 치를 떨 정도로 미움과 원망으로 가득했을 것이다. 그러던 그녀는 지금까지 한 번도 생각하지 못했던 말을 듣게 된다. '당신의 삶이 바뀌길 원한다면 전 남편을 용서하고 그를 축복해 주세요.'라는 권고의 말이었다. 이 말은 그녀에게 충격적이었다. '내가 누구 때문에 이렇게 된 것인데 왜 그를 용서해야 하고

---

21. 이 일화는 조셉 머피의 책 『조셉 머피 영적 성장의 비밀』(조율리 옮김, 다산북스, 2022)이라는 책에 기록되어 있는 것을 소개한 것이다. 조셉 머피 목사는 잠재의식에서 발견한 믿음과 기도의 힘이라는 주제로 써 내려갔는데, 인간의 잠재의식이라는 표현은 심리학, 정신 분석학 분야에서 많이 사용되는 단어다. 그에게 찾아온 어느 중년 여인의 삶의 고통에 대한 상담을 통해서 그녀가 자신의 삶을 이해하고 극복한 사례를 보여 준다. 복음적인 측면에서 본다면 인간의 잠재의식은 내면의 깊은 속사람이라고 말할 수 있다. 하나님께 부여받은 불멸의 자아라고 해야 할 것이다.

거기다 축복까지 해 주어야 하는가?' 기나긴 고통의 시간을 견디며 자살까지 생각한 그녀였기에 이 권고의 말은 충격 그 자체였고 한동안 그녀를 혼란스럽게 했다. 결국 그녀는 이 권고를 따르기로 결심했다. 그렇게 온전히 전 남편을 이해하고 그를 용서하며 진심으로 그의 삶을 축복해 주었던 것이다. 그 후 그녀에게 전혀 예상치 못한 일이 벌어졌다. 전 남편에게서 연락이 온 것이다. 지금까지 딸에 대한 양육비를 보내지 않았던 것에 대한 사과의 말과 함께 큰 목돈을 입금해 주었다. 게다가 딸이 대학을 졸업할 때까지 필요한 학자금을 자신이 지불하겠다는 의사를 보내 왔다. 그 후 그녀에게 더욱 놀라운 사건이 벌어진다.

지금까지 남자에 대한 불신으로 이성을 소개조차 받지 않았던 그녀는 어느 날 왕성한 활동을 하고 있는 한 변호사를 만나게 된다. 그녀에게 다시 사랑이 찾아오고, 제2의 인생을 살아가게 된 것이다.

이 여성은 하나님을 모르는 전형적인 인간의 한 표본이라고 할 수 있다. 필멸의 자아가 진정한 자기 자신이라고 생각하는 사람, 눈에 보이는 삶 속에서 모든 것을 해석하는 사람, 내 힘으로 어떻게든 살아가려고 하던 사람이었다.

그런데 이 여성이 하나님의 음성을 듣게 되었다. 그 음성은 내면의 자아가 생각하는 방향은 아니었다. 전혀 다른 방향이었으며, 인정하고 싶지도 않았다. 그러나 생각의 방향을 역으로 바꾸고 말씀에 순종하자 그녀에게는 전혀 다른 삶이 기다리고 있었다. 이것이 한 개인에게 일어난 또 다른 부활의 사건이 아니고 무엇이겠는가!

세상에는 자신의 정당성을 주장하기 위해서, 자신이 좀 더 우월하다는 것을 어필하고 싶어서 다른 사람의 의견이나 이론, 타인을 비방하는 사람들을 보게 된다.

　그러나 어떠한 형태의 '악'을 부정한다고 해서 내가 '선'이 되는 것인가? 어떠한 형태의 '미련함'을 내가 비판한다고 해서 내가 지혜를 갖춘 자라고 할 수 있겠는가? 좀 더 쉬운 예를 들어 보자! 'A'라는 사람은 어떤 강도가 길 가던 타인을 폭행하고 돈을 빼앗아 도망갔다는 소식을 들었다. 이 뉴스를 접한 A가 그 강도에 대해 '세상을 왜 그렇게 사나, 올바르게 살아야지!'라고 말을 한다고 해서 A가 올바른 사람이 되는 것은 아니다.

　A가 올바른 사람이 되려면 올바른 생각과 말과 행동을 할 때 올바른 사람이 되는 것이 아니겠는가. 필멸의 자아는 이렇게 현상만을 가지고 해석하고 자기 위안을 삼도록 한다. 엄밀히 말하면 아무런 실체도 실속도 없는 허상에 불과하다.

　같은 이치로 생각해 보자.
　예를 들었던 미국의 중년 여성도 마찬가지이다. 그 여성이 생각하는 정(政)이라고 하는 것은 가정적이고 자상한 남편, 가족을 위해서 살아가는 남편이었다. 안타깝지만 그녀가 생각하는 정은 없고 반(反)이라고 하는 가정을 버리고 무책임한 남편이 그의 삶을 짓눌렀다. 이 상황 가운데 여인이 反을 미워하기만 한다고 해서 政을 자신에게로 이끌 수 없다. 오히려 내가 정의로움을 행해야 한다는 것이다. 그녀에게 '政'이란 비록 자신과 아이를 버리고 떠난 무책임한 남편이지만 그를 이해하고 용서하는 것이었다. 비록 자신과 아이를 버린 사람이지만 그를 행복하고 평안한 삶을 살아가길 축복해 주는 것이 그녀가 할 수 있는 최상의 의로움, 곧 '政'이다.

이렇게 행한 그녀는 비로소 자신이 원하는 삶, 의로움을 갖추게 되었다. 이러한 의식과 믿음의 삶이 곧 온전함이라고 할 수 있다.

"그러므로 하늘에 계신 너희 아버지의 온전하심과 같이 너희도 온전하라"

(마태복음5:48)

주 예수 그리스도께서 말씀하신 것처럼 온전한 사람은 그의 삶도 온전해진다. 이것이 바로 부활의 본질이며, 온전함이라고 할 수 있다.

주님께서는 십자가에서 처형을 받으실 죄가 없다. 게다가 얼마든지 그 처형을 피할 수 있는 능력을 가지고 계셨다는 것은 어렵지 않게 알 수 있다. 그럼에도 불구하고 예수님은 불의함을 피한 것이 아니라 정면으로 받아 주셨다. 죽음을 초월하고 완전한 육체와 영원한 사랑, 영원한 신성을 드러내 보이시기 위함이다. 인간은 모두 내면에 살아 계시는 하나님의 영을 발견해야 한다. 그 영은 그리스도의 영이며 그리스도이다. 우리가 필멸의 자아에게서 벗어날 때, 다시 말해 주님의 영으로 살아갈 때, 우리는 비로소 그리스도의 삶을 살아갈 수 있다.

7장 당신은 신이 될 수 있는가

아삽(Asaph)의 시로 알려진 시편 82편은 **'너희는 신이다'**라는 매우 흥미로운 표현을 사용하고 있다.

> "내가 말하기를 너희는 신들이며 다 지존자의 아들들이라 하였으나 그러나 너희는 사람처럼 죽으며 고관의 하나 같이 넘어지리로다"
>
> (시편82:6~7)

우선 시를 작성한 아삽이라는 사람에 대해 알아보겠다. 그는 다윗왕과 솔로몬 시대를 살면서 요즘으로 말하면 찬양 봉사자로 알려져 있다.

한편 그를 단순히 찬양을 하는 사람 외에도 선견자, 곧 선지자로 평가하던 사람이 있다. 그는 남유다의 13번째 왕이었던 '히스기야(Hezekiah)'였다.[22]

선견자와 선지자라는 단어의 차이는 하나님의 계시를 받는 자와 선포하는 자라는 것에 있다. 그러므로 계시를 받는 자는 당연히 선포할 수 있기에 선견자와 선지자는 사실 아무런 차이가 없다. 이러한 논리 속에서 보면 아삽을 선지자로 보는 것이 타당하다.

---

22. "히스기야 왕이 귀인들과 더불어 레위 사람을 명령하여 다윗과 선견자 아삽의 시로 여호와를 찬송하게 하매 그들이 즐거움으로 찬송하고 몸을 굽혀 예배하니라"(역대하 29:30)

선지자인 아삽이 하나님의 계시를 받은 영감을 가지고 영적인 시를 작성했던 것이 바로 '시편 82편'으로 우리에게 알려져 있는 말씀이다.

이 말씀에 대한 접근법은 크게 두 가지로 나누어진다. 말씀을 보는 시각, 관점이 다르다는 것이다.

두 관점

첫 번째 관점은 공의로운 재판 및 가난한 자, 궁핍한 자를 구원한다는 '정의, 긍휼' 곧 **'공의로운 사랑의 실천'**에 초점을 맞추는 관점이다.

두 번째 관점은 인간의 이면을 알 수 있는 말씀인 **'너희는 신들이며, 다 지존자의 아들들이라'**라는 것에 초점을 맞추는 관점이다.

기존 교회에서는 거의 시편 82편을 다루지 않고 있다. 간혹 설교로써 나누게 된다면, 첫 번째 관점(**공의로운 사랑의 실천**)을 중심으로만 전개해 나간다.
그러나 우리는 두 번째 관점에 대한 부분도 관심을 가져야 한다. 이 관점은 나의 존재에 대한 귀한 깨달음을 제공하기 때문이다.

예로써, 초등학교부터 고등학교까지의 교육은 대학을 가기 위한 교육만을 의미하지 않는다. 사회생활 및 경제 활동, 성장해서 성인으로서의 삶을 살아가기 위한 기본 소양을 갖추기 위한 것이다.

그러나 깊이 있는 학문을 연구하고 세부 전공 분야를 공부하기 위해서는 12년 동안 진행되는 다양한 과목들을 기본적으로 알고 있어야 하는 것도 중요한 이유가 될 것이다.

이처럼 시편 82편 말씀은 두 가지 관점 모두 필요하며, 말씀에 대한 초점이 어느 하나에만 국한되어 버리면 유익이 없다. 전자에 집중하면 단순히 **'율법 준수'**에 몰입하게 되며, 후자에 집중하면 **'나는 신이다'** 라는 과대망상(誇大妄想)에 사로잡힐 수 있기 때문이다.

인간의 이면

세상 모든 것은 겉으로 보이는 모습과 보이지 않는 모습 즉, 이면(裏面, The hidden side)을 가지고 있으며, 그렇게 존재하고 있다.

하나님께서는 **"신들이었으나 사람처럼 죽으며, 고관의 하나같이 넘어지로다!"**라는 말씀으로 인간의 이면을 그대로 보여 주고 계시다. 이 말씀에 대해 혹자는 이렇게 말한다. '사람처럼'이라는 말씀 자체를 문자적으로 해석해 볼 때 수신자는 천사를 의미한다고 말이다.

창세기 6장에는 '네피림'이라고 하는 존재가 나온다. 그들은 거인이었으며, 보통의 사람과는 다른 능력을 갖추고 있었다. 하나님의 아들이라는 존재와 세상에 거주하는 여자와의 사이에서 나온 존재였다.

성경에서 말하는 '하나님의 아들'이라고 하는 존재는 타락 천사든 다른 세계의 존재든 통상적으로 사람이 아닌 것은 분명하다. 훗날 네피림의 후손들로 알려진 아낙 자손이 있지만 말이다. 그들은 출애굽 시대에 가나안 지역에서 거주했으며, '여호수아의 정복 전쟁'으로 멸절되어 버린다. 아삽이 거주하던 다윗과 솔로몬 시대나 현대에 이르기까지 네피림으로 볼 수 있는 거인이라는 존재는 더 이상 공식적으로 세상에서 그 모습을 찾아볼 수 없는 상황이었다.

한편 네피림을 세상에 나오게 한 장본인들인 '하나님의 아들들'이라고 불리던 존재들도 노아가 방주에서 나온 이후 세상에서의 공식적인 등장은 찾아볼 수 없다. 물론 이것은 어디까지나 성경 기록에서 유추하고 있지만 말이다. 어찌되었건 그들은 하나님으로부터 형벌을 받았으며 추방되었다. 현재 명확한 증거를 제시할 수는 없지만 적어도 그들은 대천사였던 루시퍼, 곧 사탄이라고 하는 존재와 그를 추종하던 타락 천사들이라는 것에는 의심의 여지가 없다. 구약의 외경으로 알려진 '에녹서'[23]에도 이러한 내용이 있다. 그리고 무엇보다도 성경은 천사들을 위해서나 다른 영적인 존재를 위해서 쓰인 책이 아니다. 성경은 하나님의 자서전이며 인간을 위해서 작성하게 하신 말씀 그 자체이기 때문이다.

하나님의 말씀을 받은 자

그리스도께서는 시편 82편 6절을 인용하셨다. '하나님의 말씀을 받은 자를 신이라고 칭한다는 것'[24]은 매우 의미심장한 말씀이다. 이 말

---

23. 이 책은 에디오피아 에녹서로도 알려져 있다. 본래 에녹서는 유대인 및 기독교인들 모두 영적인 가르침과 권위를 인정하고 있었지만, 후대에 이르러 신학자들 사이에서 거부를 받게 된다. 타락 천사들에 대한 행위 및 표현 때문이다. 신약에서는 유다서에서 에녹서에 대한 인용을 하고 있다.(유다서1:9)
24. "예수께서 이르시되 너희 율법에 기록된 바 내가 너희를 신이라 하였노라 하지 아니하였느냐 성경은 폐하지 못하나니 하나님의 말씀을 받은 사람들을 신이라 하셨거든 하물며 아버지께서 거룩하게 하사

씀은 그리스도께서 하나님의 아들이라는 것의 변론이자 확인이며, 그분을 믿는 인간도 역시 하나님의 아들이며 신이라는 것의 확증이기도 하기 때문이다.

독자들은 내면에 다음과 같은 생각이 들 수 있다. '과연 내가 신인가?'라는 것이다. 대부분 이 생각은 부정적으로 발전하게 될 것이다. '신이라면, 나는 왜 이 모양인가?'라는 생각에서 자유롭지 못하기 때문이다.

우리는 이에 대한 답을 시편 82편에서 찾을 수 있다. 우리가 신들의 모임에서 제외되고, 제외된 것과 같은 생각이 드는 주된 이유를 두 가지로 말씀하고 있다. 그것은 '불공평한 판단과 악인의 낯 보기를 지속하는 것'이다.

불공평한 판단

'불공평한 판단'은 다른 표현으로 한다면 불공정한 판단, 미련한 사고 및 가치관이라고 할 수 있다.

그렇다면 인간은 언제 불공평한 판단을 하게 될까? 마태복음 7장에서는 '비판하지 말라'는 말씀이 있다. 인간은 누구나 비판이나 비난받

세상에 보내신 자가 나는 하나님의 아들이라 하는 것으로 너희가 어찌 신성모독이라 하느냐"(요한복음 10:34~36)

기를 좋아하지 않는다. 자신이 하는 말이 공감받고, 인정받고, 존중받기를 원한다. 그러나 타인의 말을 공감해 주고 인정해 주고 존중해 주는 사람을 찾기는 쉽지 않다. 누구나 나를 사랑해 주기를 원한다. 비록 잘못을 범해도 용서받기를 원한다. 내가 처한 상황이나 행동에 대해 이해받기를 원하고 있다. 그러나 정작 자신은 이런저런 이유로 타인에게 사랑을 주지 않는다. 나에게 잘못한 것들을 용서하지 않는다. 좀처럼 이해하려 들지 않는다. 이러한 인간의 오류가 한자성어로 말하면 '아시타비(我是他非), 곧 나는 옳고 타인은 틀렸다는 논리'라고 할 수 있다.

그리스도께서는 마태복음 7장에서 공정한 판단에 대한 말씀을 다음과 같은 관점으로 가르치신다.

"그러므로 무엇이든지 남에게 대접을 받고자 하는 대로 너희도 남을 대접하라 이것이 율법이요 선지자니라"

(마태복음7:12)

이 말씀은 또 다른 측면에서 생각해 본다면, 내가 받고 싶다면 주어야 하는 것이고, 내가 주기 싫다면 받으려 하지 말아야 함과 같다.

세상에는 이러한 사람들이 있다. 그들은 위로든, 사랑이든, 이해든, 자신이 무엇인가 받아야 한다는 판단이 들면 그 어떤 것들에 대해 제한하지 않는다. 그들은 종교적이고 논리적이고 윤리적이며 도덕적인 측면을 가지고 열변을 토한다. 그러나 그러한 열변과 관점은 타인에게로만 향한다. 자신에게는 적용시키지 않는다.

'공평한 판단'이라는 것은 비록 넉넉함이 없고 궁핍함에 있다 해도 줄지언정 받으려고 하지 않는다는 것이며, 내가 주지 못했거나 줄 마음이 없다면 결코 받으려는 생각이나 못 받은 것에 대한 원망을 하지 말아야 한다는 것이다. 이것이 바로 공평한 판단이다. 그러나 '사람들의 불공평한 판단'으로 인해 세상은 늘 부조화 속에서 허덕이고 고통스럽다.

작은 사회라고 하는 가정에서도 불공평한 판단은 예외가 되지 않는다. 구성원인 부모나 배우자, 자녀들의 불공평한 판단으로 인해 그 가족 구성원은 고통스러운 삶을 살아가게 된다. 이 불공평한 판단이 지속된다면 그 가족은 해체되거나 영과 육의 병으로 고통받게 될 것이다.

행위에 만족하는 사람들

사람들이 착각하는 것이 있다. 교회를 다니면, 예수 그리스도를 영접하면 '자신이 의롭다'라는 착각을 하는 것이다. 물론 틀리지 않다. 그러나 '매주 예배를 드린다는 것, 예수 그리스도를 믿는다는 것'은 불공평한 판단을 하는 나에서 공평한 판단을 하는 나로 변화해 가는 과정이다. 수십 년간 신앙생활을 했다고 해도 그 사람의 내면이 여전히 불공평한 판단 속에서 살아간다면 그는 육적인 사람, 육에 속한 사람에 불과하다. 그런 내면의 소유자는 "내가 너를 도무지 알지 못한다"(마태복음7:23)는 주님의 충격적인 소리를 듣게 될 것이다.

　신앙생활을 한다는 것은 우렁찬 목소리로 **"믿습니다. 주님."**이라고 고백한 후 불공평한 판단을 하는 것이 아니다. 신앙생활은 삶 속에서 공평한 판단을 하는 것이다. 그렇게 우리는 조금씩 하나님의 속성인 정의로움과 공의로움에 가까워지는 것이 아니겠는가! 인류가 가정에서, 사회에서, 공평한 판단으로 나아간다면 이 세상이 바로 지상천국이 될 것이다.

악인의 낯 보는 것

　본래 신인 존재가 나약한 존재로 하강한 이유는 '악인의 낯 보기를 지속한다는 것'이다. 우리는 '악인의 낯 보는 것'에 대해 생각해 보아야 한다. 이 표현은 '죄를 범하는 것'에 대한 은유적인 표현이기도 하다.

　공평한 판단을 해야 하는 재판관이 악인의 낯을 계속해서 보는 것은 어떤 의미겠는가? 재판관은 악인에게 그에 맞는 판결을 해야 한다. 그러나 재판관이 악인을 용납하고 악인에게 해를 입은 약자들을 보호하지 않는다면, 악인이 아닌 의인을 핍박하는 행태가 재판장에서 이루어진다면, 그는 공평하지 않은 재판관이다.

세상 모든 사람은 그의 삶을 비추어 볼 때 인간의 삶은 또 다른 차원의 재판장이다. 그는 재판장의 위치에 서 있다. 삶의 매 순간 우리는 판단을 해야 하기 때문이다.

'어떤 생각을 해야 하는가, 어떤 말을 해야 하는가, 어떤 행동을 해야 하는가?' 등이다. 이 판단은 공평해야 한다는 것을 전제로 해야 한다. '인간은 어떤 생각을 하는가?'에 따라 그에 대한 말이 나오게 된다. 말은 곧 생각에서 나오기 때문이다. 나아가 말은 행동하게 하는 힘이 있다. 결국 생각과 말과 행동은 같다. 이것은 전적으로 그가 내린 판단에 근거한다.

불공평한 생각을 하는 사람은 불공평한 말을 한다. 불공평한 말을 하는 사람은 불공평한 행동을 하게 될 것이다. 결국 이 세 가지 불공평함은 곧 죄(sin)라는 열매를 맺게 된다.
이것이 바로 '악인의 낯 보는 것'을 의미한다.

이로써 우리는 다음과 같은 영적인 결론에 이른다. '불공평한 판단을 하며, 악인의 낯 보기를 멈추지 않는 자'는 그리스도께서 말씀하신 '불법을 행하는 자'(마태복음7:23)가 되는 것이다.

하나님의 자녀라는 정체성

하나님께서는 인간을 아무런 능력도 없는 하찮은 존재로 창조하지 않으셨다. 다만 인간 스스로 하찮은 존재가 되기 위해 애쓴 것뿐이다. 시저의 조카인 옥타비아누스가 로마의 제1 황제가 된 후 그의 후계자들은 하나같이 신이 되고자 하였다. 그들은 '자신이 곧 신'이라고 선포했다.

그들이 자칭 신이라고 한 명분은 무엇이었는가? '황제라는 것, 막강한 군대를 포함한 모든 권력을 가졌다는 것'이지만 정작 그들 대부분은 단명하였으며, 죽임을 당했다. 대표적인 인물이 '네로' 황제이다. 그는 자살로 삶을 마감했다.

'신이 된다는 것'은 나의 환경과 능력으로 판단하는 것이 아니다. '신이 된다는 것'은 신의 속성, 곧 '하나님의 속성'을 갖춘 존재로서 살아가는 것이다. 하나님의 속성은 '사랑과 지혜, 거룩, 공의, 긍휼'과 같은 것들이다. 내 안에서 이러한 속성이 살아서 활동해야 한다. 충만해야 한다는 것이다. 이러한 속성을 갖춘 사람은 삶 속에서 공평한 판단을 할 수 있다.

하나님의 속성이 내면에서 발산되는 사람은 하나님의 아들이며, 그들이 바로 신(神)이 아니고 무엇이겠는가. 인간은 불공평한 판단과 악인의 얼굴 보기를 지속한 결과 잃어버린 것들이 있다. 그것은 다음과 같다. '창조의 능력, 하나님과 하나가 될 수 있는 능력, 그리스도와 함께 공동 상속자가 될 수 있는 능력'이다. 그러나 하나님의 말씀을 받고 그 말씀으로 살아가는 자, 그리스도가 제시한 길을 걸어가는 자들은 잃어버린 능력이 다시 회복될 것이다. 그들이 바로 영적으로 깨어난 사람이고 내 안의 신성을 회복한 사람들이며 나를 아는 자다. 그들은 삶 속에서 공평한 판단을 하며 악인의 얼굴을 지속적으로 보기 원하는 것에서 떠났기 때문이다.

8장 자기를 부인하는 자와 속이는 자

"너희는 말씀을 행하는 자가 되고 듣기만 하여 자신을 속이는 자가 되지 말라 누구든지 말씀을 듣고 행하지 아니하면 그는 거울로 자기의 생긴 얼굴을 보는 사람과 같아서 제 자신을 보고 가서 그 모습이 어떠했는지를 곧 잊어버리거니와 자유롭게 하는 온전한 율법을 들여다보고 있는 자는 듣고 잊어버리는 자가 아니요 실천하는 자니 이 사람은 그 행하는 일에 복을 받으리라"

(야고보서1:22~25)

인간의 내면에는 상반된 두 존재가 있다. 하나는 나를 부인하는 사람이고, 또 다른 존재는 나를 속이는 사람이다. 모든 인간의 내면은 이 두 존재가 공존하고 있다고 할 수 있다. 사도 바울 역시 내 안에 두 지체가 있다고 고백하지 않았던가![25]

한글 성경은 '속사람'이라고 해석했지만, 필자는 개인적으로 '내 안의 나, 참된 자아'라고 부르면 더 좋을 것 같다고 생각한다. 참고로 영어 성경은 'My inner being'으로 되어 있다. 이 속사람은 선을 행하기 원하며 하나님의 법, 곧 율법을 위시한 창조 원리를 신뢰하고 그것을 즐거워한다. 이러한 존재가 내 안에 있는 '영(Spirit)'이다. 이 영은 기본적으로 하나님의 영적인 유전자를 소유하고 있다. 다만 '필멸의

---

25. "그러므로 내가 한 법을 깨달았노니 곧 선을 행하기 원하는 나에게 악이 함께 있는 것이로다 내 속사람으로는 하나님의 법을 즐거워하되 내 지체 속에서 한 다른 법이 내 마음의 법과 싸워 내 지체 속에 있는 죄의 법으로 나를 사로잡는 것을 보는도다"(로마서7:21~23)

자아'는 이 진리를 인지할 수 없다는 것이 인간의 딜레마이기도 하지만 말이다.

  우리의 영이 하나님의 영과 일치할 때, 그리스도의 영과 하나가 될 때, 비로소 온전한 존재가 되는 것이다. 이 존재가 '나는 누구인가?'라는 존재론적 질문에 대한 답이며 본질이다. 사람들은 삶의 환경, 세상으로부터 듣는 다양한 관념, 개인적인 경험들을 통해 쌓은 가치관, 신념 등으로 나 자신을 색칠한다. 이 색칠되어 있는 존재를, '나'라고 믿고 있다. 그러나 이 존재는 진정한 내가 아니다. 외부적인 환경, 관념에 지배당하고 있는 존재에 불과하다. 대부분의 사람들은 이 허상의 존재를 '나'라고 착각하고 있다.

  이 허상의 존재는 '에고(Ego) 즉 육적인 자아, 거짓된 자아'라고 하는 겉사람에 불과하다. 겉사람은 실제로 나 같지만, 내가 아니다. 속사람의 존재를 인식하고 하나님의 자녀라는 존재로서의 인식이 깊게 자리 잡을 때, 우리는 기나긴 영적인 잠에서 깨어나는 것이다. 이러한 상태, 곧 '진정한 나'라는 존재를 발견할 때, 겉사람은 거짓의 사람이고, 속사람이 진정한 나의 존재라는 사실을 알게 된다. 이때, 우리는 비로소 그리스도가 나를 주장하게 되는 것을 목도하게 될 것이다. 이때 내가 삶의 주체가 되는 삶을 살 수 있다. 이것은 다른 차원으로 그리스도께서 내면에 계신다는 증거가 되는 것이기도 하다.

  이 '속사람, 진정한 나'라고 하는 존재는 그리스도를 따르고 싶은 사람이다. 다시 말해 선을 행하기 원하고, 하나님의 법을 즐거워하는 자이다. 이 존재를 바울은 속사람이라고 불렀다. 한편 주님께서는 말씀을 듣는 사람들에게 다음과 같이 말씀하셨다.

"누구든지 나를 따라오려거든 자기를 부인하고 자기 십자가를 지고 나를 따를 것이니라"

(마가복음8:34)

이 말씀을 근거로, 우리는 모든 믿는 자는 그리스도를 따르는 자라는 것을 알게 된다. 만일 복음을 받아들인 사람이 그리스도를 따르지 않는다면, 그는 복음과는 상관이 없는 사람이다. 반면 믿는 자는 '나를 부인하는 자'이며, 바울이 말하는 속사람이며 그리스도인, 곧 크리스천이고 거룩한 존재인 성도이다. 이와 같이 모든 믿는 자는 '나를 부인하는 자'이다. 그런데 '나를 부인하는 자'라는 존재에 대해 이해하기가 쉽지 않다. 왜냐하면 **자기 부인(Self-denial)**'이라는 불편한 조건 때문이다. '나를 부인한다는 것'이 듣기에 따라서는 거부감으로 다가올 수 있다. 부인해야 하는 나라는 존재는 누구일까? 물론 그 존재는 의심의 여지없이 겉사람이다. 나라고 생각되는 존재는 실상은 허상의 존재이기에 그러하다.

왜, 주님께서는 '자신을 부인하라'고 말씀하셨을까?

인간이 하나님을 믿으려면 눈에 보이는 것만을 신뢰하는 겉사람의 속성을 벗어 버려야 한다. 한편 선을 행하려면 당장의 눈앞에 있는 편

리함, 이익을 버려야 한다. 쉬운 예로써 길을 가던 중 어느 몸이 불편한 노인이 수레를 끌고 언덕을 오르고 있다고 가정해 보자. 만일 선을 행하기 원하는 보행자가 이 모습을 본다면 그는 다음과 같은 생각을 할 것이다.

'내가 뒤에서 좀 밀어 드려야겠구나! 저 노인이 힘겹게 보이는군.' 그러나 내면의 또 다른 존재는 다음과 같이 생각할 수 있다. '가던 길이나 빨리 가자! 시간이 별로 없다. 괜히 수레를 밀고 가면 손이나 옷을 더럽힐 수 있잖아!'라고 말이다. 결국 둘 중 하나의 생각이 승리하면 그의 행동이 나오게 되는 것이다. 선을 행하려는 사람은 두 번째 생각을 버리게 된다. 이러한 상황이 '나를 부인하는 것'을 의미한다.

이번에는 하나님의 율법을 즐거워하는 자의 경우를 생각해 보자. 하나님의 율법은 레위기에 자세히 나온다. 많은 율법들이 존재한다. 예로써 십계명 중 제 8계명 '도둑질을 하지 말라'를 생각해 본다면, 이 율법을 지키기 위해서는 소위 말하는 견물생심(見物生心)이라는 것을 이해해야 하며, 극복해야 한다. 좋아 보이고, 귀해 보이고, 값비싸 보이는 것들이라는 명분으로 남의 것을 빼앗거나 훔쳐서는 안 되는 것을 말한다. 한마디로 과욕을 삼가라는 것이다. 그러므로 하나님의 율법을 즐거워하는 사람, 곧 믿는 자는 과도한 욕심을 버리고 내 것이 귀한 것처럼 남의 것도 귀한 것을 인정한다. 이렇듯 삶 속에서 과도한 욕심을 버리는 것 또한 자기를 부인하는 것이다.

한편 '**하나님의 법은 사랑의 법이고 지혜의 법이며, 소망의 법이라**

는 것'을 간과하기 쉽다. '우리가 어떻게 사랑할 것인가? 우리는 왜 사랑해야 하는가?'라는 주제들이 바로 하나님의 법을 즐거워하는 것이며, 그 법을 따르는 것이기도 하다. 주의 법을 즐거워하기 때문에 배우고, 이해하고, 실천하는 것이 아니겠는가!

내면의 성장 과정 속에서 '사랑은 베푸는 것이다'라는 신앙적인 관념이 생겨난다.

사랑에 대한 본질적인 가르침을 배웠다면, 우리는 그 가르침을 이해하고 실천해야 한다.

그러나 우리는 **'내가 먼저 주는 것'**을 실천하려고 하지만 저항과 쉽게 충돌하게 된다. 즉 '내가 주면 나에게도 주어야 하는 것이 아닌가?', '나는 왜 항상 주기만 하고 받지는 못하는가', '이것을 내어주면 나는 부족하게 되는데 주지 말자!'라는 저항이 생겨나는 것이다. 이러한 양 진영의 생각 속에서 '사랑은 내가 먼저 주는 것'이 승리할 때 '나를 부인하는 것'이 활성화되는 것이다.

지금까지 나눈 것을 토대로 생각해 보면 자기를 부인하는 자는 선을 행하기를 원하는 자에서 행하는 자로, 하나님의 법을 즐거워하는 자에서 그 법을 실천하는 자여야 한다는 것을 알 수 있다. 주님께서 '자기를 부인하라'는 말씀을 하신 이유는 이러한 측면에서 이해할 수 있다. 말씀을 행하기 위해서는 '자기를 부인해야 하며, 자기를 부인하는 사람은 선을 행하며, 주님의 법을 지키는 자'이다.

독자들에게 '정말 자신을 부인하길 원한다는 내면의 소망이 있는지?' 질문을 하고 싶다. 이 소망이 내면에서 정한 마음으로 확정되어야 하기 때문이다. 우리 모두는 다윗처럼 "**하나님이여 내 속에 정한 마음을 창조하시고 내 안에 정직한 영을 새롭게 하소서**"(시편51:10)라는 기도를 해야 한다. 이 기도는 너무나 귀한 고백이며, 소망이다.

자신을 속이는 자

두 번째로 우리가 알아볼 존재는 '**자신을 속이는 자**'이다. 이 존재 역시 우리에게는 모순으로 다가온다. 어떻게 타인이 아닌 자신을 속일 수 있단 말인가! 상식적이지 않다.

그런데 자신을 속인다는 것은 진정한 나(I), 하나님의 자녀인 속사람, 그리스도와 하나 된 존재를 무시하고 억압한다는 것을 의미한다.

야고보는 자신을 속이는 자를 가리켜 '거울로 자기의 생긴 얼굴을 보는 사람', '제 자신을 보고 가서 그 모습이 어떠했는지 곧 잊어버리는 사람'과 같다고 표현한다.[26]

계속해서 말씀을 보면, '온전한 율법을 들여다보는 사람'이 실천하

---

[26]. 야고보는 행함을 중요시 여긴 사람이었다. 말씀을 행하지 않는 자를 향해서 자신을 속이는 자라고 표현했다. 말씀을 인용한 것이다. "누구든지 말씀을 듣고 행하지 아니하면 그는 거울로 자기의 생긴 얼굴을 보는 사람과 같아서 제 자신을 보고 가서 그 모습이 어떠했는지를 곧 잊어버리거니와"(야고보서 1:23~24)

는 자라고 한다. 온전한 율법이란 곧 그리스도를 의미한다.[27]

　자기를 부인하는 사람은 자기를 바라보는 것이 아니라 온전한 율법을 바라보기에, 그리스도를 바라보는 것이다. 하나님의 법, 하나님의 말씀을, 하나님의 창조 원리를 바라보기에, 자신의 육적인 생각들을 버리는 사람이다.

　그러나 자기 자신을 바라보는 사람은 온전한 율법을 볼 수 없다. 또한 당연히 그리스도를 볼 수 없다. 그러므로 하나님의 법을 잊어버릴 수밖에 없는 것이다. 단순히 자기 자신을 바라보는 사람은 외적인 부분 외에는 볼 수 없다. 문자적으로 생각해도 마찬가지다. 자기 자신을 바라보는 사람은 그 얼굴을 잊지 않기 위해서 지속적으로 자신만을 바라보아야 하는 것과 같다. 거울 앞에서 평생을 살아가야 할 것이다. 실제로 세상에는 이러한 사람들이 많이 존재한다. 그들은 '나르시시스트(Narcissist)'이다.

자신만을 바라보는 사람

　심리학이나 상담학 같은 분야에서 사용하는 정신 분석학적인 용어로 '나르시시즘(Narcissism)'이 있다. 흔히들 자기애(自己愛)라고 불린

---

27. 많은 사람들이 예수의 가르침이 하나님의 율법을 경시하거나 무가치한 것으로 오해하기도 했다. 그러나 주님은 모든 율법의 완성이 사랑이고, 대접을 받고자 하는 대로 남을 대접하는 것이라는 가르침을 세상에 내놓으셨다. 그러므로 율법을 온전히 이해하고 적용하고, 실천하고, 가르치신 분인 그리스도가 바로 율법 그 자체가 된다고 보는 것이 타당하다. "내가 율법이나 선지자를 폐하러 온 줄로 생각하지 말라 폐하러 온 것이 아니요 완전하게 하려 함이라"(마태복음5:17)

다. 이 용어의 유래는 그리스 신화에 나오는 '나르키소스(나르시스)'라는 미소년의 이야기로부터 기인한다. 그는 신의 저주를 받아 물에 비친 자신의 모습을 사랑하게 되었다. 그는 밤낮 없이 먹지도 않고 물에 비친 자신의 모습을 바라보며 있었다. 그는 결국 죽게 된다. 그 소년이 죽은 자리에 자기와 같은 이름의 꽃인 나르시스, 즉 수선화(水仙花)가 피게 되었다는 신화이다.

그 후 이 말은 프로이트에 의해서 널리 알려지게 된다.

프로이트는 이 나르시시즘을 **'지나치게 자기 자신에게 집중해 있다는 것'**으로 설명한다. 영적으로 그들은 모든 관심과 사랑의 중심이 자기 자신에게 향하기 때문에 다른 존재나 다른 사람에게는 관심과 사랑을 주기 어렵다.

얼핏 보면 소위 에고이즘(Egoism)이라고 하는 이기주의와 비슷해 보이지만, 좀 더 본질적으로는 영적인 악한 뿌리가 더 깊다. 이들은 나의 관점에서만 생각하기에 이해와는 거리가 멀다.

타인을 이해하지 못하기 때문에 나 자신 또한 상대방에게서 이해를 받을 수 없다. 한편 상대방은 고사하고 나 자신도 이해할 수 없는 내면이기에 자기 역시 고통스럽다. 거울에 비친 나를 사랑하고 계속해서 나에게 집중하는 자기연민의 소유자다. 이러한 내면은 진정한 나를 이해할 수 없다. 항상 거짓된 나를 찾고 그러한 나를 위해서 살아가는 것이다.

생각해 보라! 이해하지 않는데 어떻게 용서를 할 수 있겠는가? 용서하지 않는데 어떻게 용서받을 수 있겠는가? 자학과 원망 속에서 살아야 하는 존재가 이러한 사람이다. 사실 가장 불쌍한 존재이기도 하다. 주변 사람들, 가족들로부터 긍휼히 여김, 사랑을 받는다 해도 그들은 만족할 수 없다. 영원한 갈증을 가지고 있기 때문이다. 결국 자신을 사랑하는 것이 아니라 자신을 미워하는 사람이 바로 나르시시스트들이다.

이러한 영혼은 마른 가지처럼, 풀 한 포기 없는 황량한 사막 같은 내면이 있을 뿐이다. 그러므로 슬픔과 원망, 후회, 탄식이 항상 따라다닌다. 평강이 없다. 비록 그들의 입으로 "주님이시여 나를 불쌍히 여기소서"라는 기도를 한다 해도 자신만을 바라보는 마음의 상태, 자신만이 불쌍하다는 자기 연민으로 '샬롬'을 경험하지 못한다. 기도 응답을 받을 수 없다. 영적 성장이 이루어지지 않는 것은 너무나 당연한 것이다.

사울의 오류

구약에 등장하는 인물 중 이러한 사람이 이스라엘의 첫 번째 왕 사울이다. 그는 블레셋의 거인 골리앗을 물리친 다윗에게 군대의 요직을 맡기고 자신의 딸 미갈을 주었다.

그러나 그는 왕임에도 불구하고 아직 청소년인 어린 다윗을 시기했다. 백성들의 칭찬이 그에게 향하는 것을 보고 견딜 수 없었기 때문이다. 오직 자신만이 칭송과 칭찬을 받아야 하는데, 다윗이 칭송을 받으

니 불안한 것이다. 그가 불안한 이유는 전형적인 나르시시스트들이 보이는 모습과 같다.[28]

자신이 칭송과 인정을 받지 못할 것에 대한 두려움이다. 급기야 그의 시기 질투는 증오로 발전했으며, 결국 다윗을 죽이려고 했던 것이 아닌가!

결혼을 한 딸을 다시 불러들일 정도로 그는 다윗을 경멸했으며, 그의 목숨을 빼앗기 위해서 군대를 동원하고 정사를 돌보지 않았다. 자신의 얼굴만을 바라보며 살아가는 인간의 전형적인 모습이다. 사울은 끝까지 자기를 부인하지 않았다. 그는 결국 자신을 향한 연민의 욕망에서 벗어나지 못했다. 자기만을 바라보는 사람, 자기를 부인하지 않은 사울의 말로는 멸망이고 죽음이었던 것이다. 이처럼 자기를 속이는 자는 마치 가면을 쓰고 살아가는 사람과 같다. 나르시시즘은 파악이 쉽지 않고 생각보다 많은 사람들에게서 보이는 내면의 병이자 악함이다. 정도의 차이만 있을 뿐이다.

선을 행하고 온전한 율법을 즐거워하는 자는 자기를 부인하며 살아간다. 우리 모두는 영적으로 내 안에 계시는 그리스도로 시선을 바꾸어야 한다. 고요한 침묵 속에서, 평강 속에서, 모든 생각과 관념의 짐을 내려놓음 속에서, 그리스도를 바라보라! 진정으로 깨어 있는 사람은 자기를 부인하는 사람이다. 그는 그리스도의 제자가 될 뿐만 아니라, 하나님께서 주시는 모든 축복과 사랑을 받는 영광의 자녀가 될 것이다.

---

28. "여호와의 영이 사울에게서 떠나고 여호와께서 부리시는 악령이 그를 번뇌하게 한지라"(사무엘상 16:14)

9장 자유의 본질

제2차 세계 대전 당시 독일 여러 곳에 설치된 유대인 수용소 입구에는 다음과 같은 표어가 걸려 있었다.

'노동이 너희를 자유롭게 하리라(Arbeit macht frei)'

아마도 **'진리(Wahrheit, 바하이트)가 너희를 자유롭게 하리라'**는 예수님의 말씀을 '노동(Arbeit)이라는 단어를 붙여서 사용한 것 같다. 그런데 이 표어의 수신자는 자유를 얻어야 하는 유대인들이었지만, 실제로 그들은 노동을 통해서 자유를 얻지 못했다. 유대인들 대부분은 영양 결핍 및 병으로 죽거나, 가스실에서 죽임을 당했기 때문이다.

여기서 질문을 하나 해 보려고 한다.

"정말 그들은 자유를 얻지 못했을까?"

'인간의 죽음'이라는 것을 자유와 연관시키기는 어려울 것이다. 그것은 눈에 보이는 것을 가지고 해석하기에 그럴 것이다. 그러나 역설적이게 들릴지 모르지만 그들은 자유를 얻었다. 다만 유감스럽게도 그 자유를 얻는 방법이 비참하고, 고통스러운 과정을 겪었다는 것이지만 말이다. 독자들은 '무슨 얘기를 하려고 하는 것일까'라고 생각하겠지만 **'육체의 죽음은 곧 자유라는 것'**을 말하고자 한다. 인간은 누구나 감옥에 갇혀 있다. 그 감옥은 무엇일까? 그것은 다름 아닌 '육체'라는 것이다. 이 육체는 옷이라고 표현할 수 있겠지만, 좀 더 영적으로 말한다면 '영혼의 감옥'이라고 말할 수 있다.

생각에 따라서는 받아들이기 어려운 사람들도 있겠지만, 육체는 눈에 보이지 않는 영혼이 거하는 장소다. 우리의 영혼은 사실상 많은 것들을 포기하도록 강요받으며 살고 있다. 세상은 눈에 보이는 인간의 몸을 기준으로 해석하고 움직이므로 육체를 극복한다는 것은 진정한 자유라고 할 수 있다. 그러나 여전히 자유는 자신의 몸과 마음을 마음대로 사용하는 것으로 생각하는 관념이 지배적이다. 이것은 인간의 영적 발전에 많은 해를 끼쳐 왔으며, 발목을 붙잡고 있는 것이 사실이다.

자유는 무엇인가?

인류가 지금까지 끊임없이 추구한 것이 바로 **'자유'**일 것이다. 물론 "돈과 같은 부유함이 아닐까요?"라고 말한다면 '부(富)라는 것'이 왜 필요하겠는가? '경제적인 자유'를 얻기 위한 것이다.

그러므로 인간에게 필요한 것은 '자유'이다. 어찌되었건 인간은 자유를 갈망했고 지금 이 순간에도 자유를 위해서 살아간다고 해도 과언이 아니다.

그런데 자유를 갈망하는 그 중심에는 육의 한계를 극복하고 싶은 열망이 내재하고 있었다는 것이다. 왜 인간이 사색하고 철학을 공부하며 도를 닦고 종교를 가지는 것일까? 그 궁극적인 목적 역시 '**자유**'이다. 그런데 실제로 인간이 그토록 자유를 원하지만, 인간의 역사를 통해서 보면 자유로웠던 때는 찾아볼 수 없다. 한편 자유 민주주의 체제가 안정되고 고도로 발달된 현대 문명임에도 불구하고 여전히 인간은 자유롭지 못하다. 아마도 그 이유는 자유라는 것이 내면의 성숙과 본질적인 내면의 깨어남에서 비롯되지 못하기 때문일 것이다.

그리스도께서 세상에 오셔서 가르침을 주시고 승천하셨을 때 그분은 결코 종교를 만들라는 명령을 하지 않으셨다. 엄밀히 말하면 모든 종교는 하나님이 아닌 인간이 만든 시스템에 불과하다. 예로써 로마 가톨릭, 곧 천주교라고 하는 구교는 인간이 만든 교회 제도이며 시스템이다. 그 조직은 교황이라는 최고 성직자를 중심으로 추기경, 대주교, 주교, 사제, 평신도로 구성되어 있다. 사실 성경 그 어디에도 교황 및 추기경, 수녀, 주교와 같은 사람들은 존재하지 않는다. 그럼에도 1,500년이 넘는 긴 시간 동안 마치 이러한 조직이 교회의 표준이자 기준, 나아가 모든 것이라는 생각을 가지게 했던 것이다. 이것이 종교라는 것이며 영적인 고정 관념이다. 그렇다면 역으로 질문을 해 본다.
"소위 말하는 개혁 교회는 종교가 아니고 무엇인가?"
이 질문에도 역시 구교와 같다. 인간이 만든 종교 시스템이라는 것에서는 자유롭지 못하다.
물론 목사 및 장로, 집사와 같은 직분은 성경에서 찾아볼 수 있는 것이므로 성경적이라고 할 수 있겠지만, 예배를 드리는 방법 및 시간, 교회 생활 전반적인 것들은 종교의 모습을 하고 있다는 것은 부인할 수 없는 사실이 아니던가! 비록 교회가 '영혼 구원', '복음 전도를 위한 사명'을 가지고 있다고 하지만, 그리스도의 가르침을 따르고 그분의 제자가 되는 본질에서 벗어난다면 보통의 종교에 불과하다. 특히 말씀의 본질을 파악하지 못하고, 하나님과의 일치라는 영적인 진리에 관심이 없다면 교회가 아니다. 단순히 목회자를 추종하고 기존의 교회 시스템 및 방법론, 교회 생활에 집중한다면 이러한 체제는 '영적인 감옥'이 될 수 있다.

쉬운 예를 하나 들어 보자!
전 세계적으로 새벽 예배는 대한민국에서만 드리고 있는 것으로 알려져 있다. 물론 미국이나 유럽에서도 새벽 예배를 드리는 교회가 있을 수 있겠지만, 거의 찾아볼 수 없다. 현재 대부분의 목회자나 성도들 사이에서는 새벽 예배에 대해 무언의 합의가 되어 있다. 새벽 예배를 드리지 않으면 믿음이 다소 부족하다고 판단하는 것이다. 이것은 나아가 영적인 열심 및 영성이 부족하다고까지 평가받을 수 있다. 물론 하루의 시작을 하나님께 예배로 드린다는 것은 아름다운 신앙이고 귀한 믿음인 것은 분명하다.

만일 좀 더 나아가 새벽 예배를 드리지 않으면 구원받지 못한다는 가르침이 있다면 어떻게 되겠는가? 인간은 '새벽 예배라는 감옥'에 갇히게 될 것이다. 본질은 하나님께 드리는 감사와 찬양이며, 영의 말씀에 대한 공급이다. 그럼에도 불구하고 새벽 예배 자체에 집착한다면, 성도는 **'새벽 예배라는 감옥'**에 갇혀 있는 것이다.

자유는 모든 관념에서 벗어나는 상태이다

누군가가 잠언 13장 20절 말씀인 **'지혜로운 자와 동행하면 지혜를 얻고 미련한 자와 사귀면 해를 받느니라'**라는 말씀을 듣고 고개를 끄덕이며 동의하고 내적으로 이해했다고 하자! 이러한 내면의 받아들임이 필자와 독자 모두를 지혜롭게 한다고 말할 수 있는가? 그렇지 않다.

지혜는 말씀을 토대로 실제 삶과 인간관계를 통해서 경험하고 여러 시행착오를 겪으며 살아갈 때 얻게 된다. 시간이 흐를수록 자신만의 고유한 내적인 앎과 삶의 배경, 경험 속에서의 진정한 깨달음이라고 하는 것을 얻게 된다. 이러한 이해 속에서 우리는 조금씩 지혜를 알게 되는 것이다. 그러나 그렇게 알게 된 지혜는 명제화가 되거나 관념화되어서는 안 될 것이다. 진정한 지혜로운 사람은 지혜에 대해 정의 내리거나 지혜에 대한 나름의 관념을 만들 필요성을 느끼지 않기 때문이다.

그럼에도 그는 조금씩 현자가 되어 가고 있다. 이러한 내적 상황이 바로 자유이며, 자유의 본질이라고 말할 수 있다.

'기도'도 같은 측면에서 생각할 수 있다. 기도는 하나님과의 대화이며 공급이고 지혜를 얻는 방법이기도 하다. 그러나 기도 자체에 집착하게 된다면, 이것 역시 내적 자유를 빼앗기는 요소가 될 수 있다. 혹자는 다음과 같이 반문할 것이다. '기도처럼 좋은 것이 없는데 왜 기도를 부정적으로 말하는가?'라고 말이다. 너무나 많은 사람들이 맹목적으로 기도를 하고 있다. 그 기도에는 아무런 능력도 없으며 지혜도 없고, 사랑도 없다. 그저 앵무새처럼 지저귀고 기계적으로 반복될 뿐이다.

어떤 이방 종교의 신자들이 이해할 수 없는 말을 되풀이하면서 암송한다고 하자! 그 기도가 자신을 구원한다고 믿는다고 할지라도 그 말에 무슨 의미와 능력이 있겠는가?

한편 개신교도들이 중언부언하면서 큰 소리로 통성 기도를 하는 모습을 생각해 보자! 비록 기도라는 거룩한 행위를 하고 있다고 하지만, 그 행위 속에서 과연 자유를 찾아볼 수 있겠는가? 오히려 자유를 빼앗긴 영적인 노예로 살아가는 것에 불과할 수 있다. 그러한 기도를 통해서, 그 기도하는 시간 속에서 과연 얼마나 내적 성장과 사랑과 지혜가 충만히 흐르고 공급받고 있다고 보는가? 필자는 회의적이다.

중요한 것은 고요함 속에서 자기 자신을 말씀 안에서 객관적으로 바라보는 마음이다. '하나님의 자녀라는 것이 무엇인지, 자녀로서의 삶은 무엇인지, 그 삶을 왜 살아가야 하는지, 어떻게 살 것인지'에 대한 성령의 내적 음성과 교감이며 대화이다. 여기에는 어떤 형식도 필요하지 않다. 시간도 필요하지 않다. 방법론도 중요하지 않다. 정말 중요한 것은 다음과 같다.

'겉사람의 외침에서 벗어나는 것'이다.

이와 같이 기도라는 거룩한 행위 속에서도 관념의 노예에 사로잡힐 수 있는 것이다. 영적인 관념이자, 신념은 상당 부분 나와 타인들의 자유를 빼앗아 버리고 만다. 그러므로 영적인 것이든, 육적인 것이든, 관념이나 신념에서 벗어나는 것이 바로 자유의 본질이며, 이러한 지식이자, 지혜가 곧 진리로 향하는 길이기도 하다.

결국 진리 그 자체이신 예수님을 부르며 신앙 고백을 하지만, 이것의 본질을 모르면 우리는 끊임없이 진리를 명제화하거나 정의 내리기 위해서 애쓰고 수고하는 노예에서 벗어날 수 없는 것이다.

궤변론자들이라고 불리는 고대 그리스 사상가 소피스트들의 주장을 생각해 보자! 그들은 비록 절대적인 진리는 없다고 주장했지만, 오히려 그들이 줄기차게 주장한 것은 상대적인 진리였다. 이러한 차원은 그들 역시 모든 진리는 상대적인 관점에서 보아야 한다는 관념과 신념에 사로잡힌 사람들이라는 것을 스스로 증명한 것에 불과했다. 이 꽃이 나에게는 아름답게 보이지만, 타인에게는 흉측하게 보일 수 있다는 상대적인 사고 체계는 결국 이분법적인 해석으로 치우칠 수밖에 없는 것이 인간의 한계이며 오류인 것이다. 이처럼 인간은 타인들의 경험, 연구, 사상 등에 의해서 지배받으며 살아가고 있다. 지배하는 쪽이나 당하는 쪽이나 모두 모방이라는 것을 도구로 삼는다. 그리고 그 모방으로 표현한다.

실제로 대부분의 사람들은 학문이든, 종교이든, 삶의 모습이든 세상을 모방하며 살아간다. 그러한 모방의 삶이 좋아 보이기 때문이다. 그러나 안타깝게도 인간은 이러한 모방의 삶이 노예의 삶이라는 것 자체를 자각하지 못하며 살아간다.

왜 인간은 모방할 수밖에 없는 것일까?

'너 자신을 알라'는 소크라테스의 권고는 이러한 질문의 답이 될 수 있을 것이다. 모방은 안전하게 보이고 위험이 적다고 느껴지기 때문이다. 게다가 모방은 손쉽게 얻을 수 있는 도구이지 않은가. 그러나 이러한 삶의 모방은 하나님으로부터 받은 진정한 자유를 빼앗아 버리고 만다. 자유를 빼앗긴 것 자체를 인식하지 못하고 살아가는 인간은 또 얼마나 많겠는가! 최초의 인간이라고 하는 아담과 하와는 하나님을 대적하는 사탄을 모방하는 것에서 그들의 오류가 시작됐다. 그리고 하나님처럼 된다고 하는 그 유혹도 역시 모방의 유혹이 아니겠는가? 그렇게 인류는 모방으로 인해 자유가 없는 삶이라는 굴레에서 헤어나지 못하게 되었다.

이 모방의 유혹은 주님의 몸 된 교회라고 하는 공동체에서도 예외는 아니다. 매 주일 주님의 말씀을 듣는 것으로 만족한다면, 그 사람에게는 자유가 없다. 진리의 지식에 이르지 못했기 때문이다.[29]

그저 겉사람의 귀만 즐거울 뿐이다. '좋은 말씀이지, 오늘 은혜 많이 받았다!'라는 것에서 멈추어 버린다면 그는 '모방이라는 술'에 취해 있을 뿐이다. 이러한 상태가 말씀에 대한 관념에서 머무는 것이다.

---

29. "항상 배우나 끝내 진리의 지식에 이를 수 없느니라"(디모데후서3:7)

우리 모두는 **'내가 자유를 얻기 위해 어떻게 해야 하는가?'**에 대해 실제적으로 생각하며 기도해야 한다. 자유는 **'영적인 자각'**을 벗어나서는 결코 얻을 수 없기 때문이다. 이 자각은 **'내가 어떠한 것에 묶여 있는지를 아는 것'**이다.

어떤 사람은 정치적인 이념에 묶여 있다. 비록 법의 중요성과 사회 정의를 외치는 자일지라도 그는 이념이라는 것에 집착한 나머지 이념의 사슬에 묶여 있는 가련한 사람에 불과하다. 어떤 사람들은 죄에 묶여 있다. '교만함, 음란, 방탕, 술 취함, 도박'과 같은 죄에 집착하며 살아간다. 어떤 사람은 자기가 만든 관념이라는 사슬 곧 '피해의식, 패배의식, 두려움, 자기애, 고집, 취미, 일'처럼 어떠한 것에 대한 집착, 만족할 줄 모르는 욕심과 같은 것에 묶여 있다. 그로 인해 자유를 잃고 억압 속에 살아가고 있다. 정도의 차이, 대상의 차이일 뿐이다.

안타까운 것은 자신이 묶여 있다는 것을 알지 못한다는 사실이다. 이것이 바로 **'영적인 무지이고 잠을 자고 있다'**라고 말할 수 있다.

모든 인간은 이 사슬에서 풀려나야 한다. 그것이 자유이기 때문이다. 단순한 원리이지만 이것을 모르기에 인간은 자유롭지 못한 것이 아니겠는가!

관념에서 벗어나라

'코딩(Coding)'이라는 것이 있다. 말 그대로 코드를 작성하는 일이다.

열심히 코딩 작업을 한 후 실행했을 때, 결괏값이 잘못 나오면 어떻게 해야 하겠는가? 프로그래머는 더해야 할 곳에 곱하기나 나누기로 되어 있는지 살펴보아야 한다. 그리고 발견하면 수정하면 되는 것이다. 아예 모순된 답이나 오류가 나온다면, 명령어를 살펴보아야 한다. 그래서 명령어의 철자나 문자, 기호 등의 오류를 찾아서 수정할 것이다. 이처럼 오류는 수정해야 한다. 간단한 것이다. 오류는 분석하거나 연구하는 것이 아니다. 이처럼 자유를 원하는 사람은 누구나 자신의 내면에 자리 잡은 오류를 찾아서 수정해야 한다.

  우리는 내가 만든 것이든, 타인이 만든 것이든, 세상의 흐름 속에서 만들어진 것이든, 모든 관념에 의지할 이유가 없다. 관념 속에 묻힌 사람은 자유를 잃어버릴 수밖에 없기 때문이다. 비록 주님의 말씀인 성경이라 할지라도 그것이 관념 속에서만 머무른다면, 우리에겐 자유보다는 그 텍스트에 얽매여 버리게 할 것이다. 구약의 이스라엘 사람들의 오류가 바로 그런 것이 아니었는가?

  자유의 본질은 진리를 향해 걸어가는 길이며, 그 길은 내 안에 계시는 그리스도와 온전히 하나가 되는 것이다. 그러한 자가 주님의 말씀 안에 거하는 사람이고 그리스도의 제자이며, 진리 자체이신 그리스도를 아는 사람이다.[30]

---

30. "그러므로 예수께서 자기를 믿은 유대인들에게 이르시되 너희가 내 말에 거하면 참으로 내 제자가 되고 진리를 알지니 진리가 너희를 자유롭게 하리라"(요한복음8:31~32)

10장 두 마리의 새

많은 사람들이 성경을 통독하고자 마음을 먹고 읽다 보면, 첫 번째 멈추게 되는 곳이 레위기이다. 레위기는 법조항이기에 다소 딱딱하고 말씀에 대한 깨달음과 교훈을 얻기가 쉽지 않다. 의무 사항이라는 생각이 강하게 자리 잡기 때문이다. 그러나 이러한 생각도 사실은 영적인 고정 관념에 불과하다. 하나님의 말씀, 명령은 우리에게는 유익하고 그 안에서 찾아내야 할 영적인 보석들이 무한하기에 그러하다.

나병 환자의 치유

구약 시대 모세에게 명령하신 나병과 관련해서 정결에 관한 규례는 생각보다 간단하지 않았다.

나병은 레위기가 쓰인 연대가 B.C. 1440년으로, 고대부터 인간 사회에서 발병된 불치병이라고 할 수 있다. 특히 전염되고 피부가 점점 흉측하게 변형되기에, 저주받은 사람이라는 오명까지 써야 했다. 현재 이 병은 최소 2년 이상은 약을 복용해야 하고 정기적으로 검사를 받아야 한다고 한다. 죽을병은 아니지만 여전히 위험한 병으로 간주되고 있다. 그런데 레위기를 읽어 보면 그 치료법은 사실상 찾아보기 어렵다. 대부분의 말씀이 병에 걸린 사람은 얼마 동안, 특히 이레(한 주간, 7일)의 기간 동안 '격리'라는 조치를 받아야 했다. 이 기간 동안 병에 걸린 사람은 격리되어 진영 밖에서 머물러야 했으며 이것은 선택이 아니라 의무였다. 그 후 그가 격리되는 시간이 지나면 제사장은 그를 관찰한다. 이러한 과정을 통해서, 몸이 나은 것을 확인하면 정결 의식을 수행하는 것이다.

여기서 우리는 한 가지 사실을 알 수 있다. "이레 동안을 가두어둘 것이며"(레위기13:5), "자기 장막 밖에 이레를 머물 것이요"(레위기14:8) 라고 말씀하시는 부분이다. 바로 '격리' 자체가 치료가 이루어지는 과정이며 방법이라는 것을 알 수 있다.

나병 환자를 격리시킨 이유는 무엇일까?

하나님께서 창조하신 인간의 몸은 선천적으로 면역 능력을 가지고 있다. 의학적 표현으로 말하면 외부의 항원이 들어오면, 몸에서 항체가 만들어져서 싸우게 되는 것이 몸의 처리 과정이다.

인간의 몸은 항원과 항체가 만나서 몸에서 치유가 일어나는 과정, 후에 다시 같은 항원이 들어오면 그때는 더 수월하게 이겨 낼 수 있도록 창조되었다. 이러한 것을 항원 항체 반응(Antigen-antibody reaction)이라고 의학은 말하고 있다.

자연 치유는 지금도 인간의 병이 회복되는 명분 중 대부분을 차지하고 있다. 사실 약이라는 것도 결국 인간의 믿음(약이 나를 치유한다는 믿음)이 효과를 발휘한다고 보아야 할 것이다.

계속해서 하나님께서는 모세에게 살아 있는 두 마리의 새를 준비하라고 명령하신다.[31] 레위기에 쓰인 방법으로 지금 이 시대에도 모든 병에 대한 진단 및 치료, 결산을 하려고 한다면 과연 사람들은 동의할까? 기독교인조차도 동의하는 사람은 없을 것이다. 이러한 방법은 현 이스라엘, 유대교에서도 사용하지 않는다. 현대 의학 및 방역, 소독 체계에 맞게 바꾸었기 때문이다.

그러면 우리가 얻어야 할 것은 무엇일까?

하나님께서 우리에게 주시는 '삶의 지혜이며 삶의 법칙'이다. 성경에는 하나님의 지혜와 창조 원리, 보석과 같은 진리가 넘쳐난다. 레위기 17장 11절에는 다음과 같은 말씀이 있다.

"육체의 생명은 피에 있음이라 내가 이 피를 너희에게 주어 제단에 뿌려 너희의 생명을 위하여 속죄하게 하였나니 생명이 피에 있으므로 피가 죄를 속하느니라"

(레위기17:11)

'피'는 인간 생명의 기본이며 시작이라고 말씀하고 있다. 그리고 이 피는 영적으로는 인간의 마음, 의식, 생각, 관념을 의미한다.[32]

그러므로 육체의 생명은 '피(Blood)'이며, 영적인 생명은 '마음(Heart)'이다. 곧 생각이며 그것이 발전된 '관념'인 것이다.

하나님께서는 모세에게 피부병에 걸린 사람을 위해 두 마리의 새를 준비한 후 그중 한 마리는 흐르는 물 위 질그릇 안에서 죽이라고 하신

---

31. "제사장은 그 정결함을 받을 자를 위하여 명령하여 살아 있는 정결한 새 두 마리와 백향목과 홍색 실과 우슬초를 가져오게 하고"(레위기14:4)
32. "모든 지킬 만한 것 중에 더욱 네 마음을 지키라 생명의 근원이 이에서 남이니라"(잠언4:23)

다. 그릇 안에서 새를 잡았기에 피가 그 안에 있을 것이다. 그 피가 흐르는 물에 버려지는 것이 아닌 질그릇 위에 있게 하기 위해서다.

제사장 나병 환자 두 마리의 새

여기서 우리는 매우 중요한 영적인 원리를 알게 된다. 새의 피를 뽑아내는 행위는 생명의 근원인 마음, 관념이라는 것을 추출해 낸 것과 같다. 당장은 육체를 가진 한 마리의 새가 그 생명이 있는 피를 쏟아 죽는 것이지만, 마음, 생각, 관념이라는 것에서 '부정적인 마음, 생각, 관념'을 끄집어내는 것과 같기 때문이다.

좀 더 깊게 생각해 보자. 레위기 14장에 등장하는 존재, **'제사장, 나병 환자, 두 마리의 새'**라는 것이다.
이들은 단순히 육적인 존재에 불과할까?
아니다. 모두 우리 자신의 내적인 본질을 의미한다. 하나씩 그 본질적인 측면을 알아보자!

또 다른 측면의 영적인 제사장

첫 번째로 제사장이 나온다. 나의 본질은 곧 제사장이라는 것이다. 하나님께서 주신 나의 영혼과 그분이 나와 함께하신다는 것을 알고 있는 나의 '영'을 의미한다. 인간은 '나는 누구인가?'라는 주제에 대해 고민하고 분석하지만, 본질로 들어가지 않으면 결코 알 수 없다.

'나'라는 존재는 다름 아닌 '나의 본질을 아는 자'이다. 그러므로 제사장은 무엇이 옳고 그른지, 무엇이 진리이고 비(非)진리인지, 무엇이 진실이고 거짓인지를 구별해 낼 수 있는 우리의 진정한 내면인 영을 의미한다. 그 영은 하나님의 영과 하나가 되고 싶고, 주님께서도 '하나가 되어라'[33]라고 말씀하셨던 주체가 된 바로 그 '영'이다.

나병 환자는 누구일까?

인간의 부정적인 측면은 '자아'이다. 혼이라고 할 수 있으며, 육적인 생각들을 의미한다. 이 세상에서 인간의 몸을 입은 영혼 중에 문제가 없는 사람은 없다. 물론 '문제'라고 표현하는 것은 부정적인 의미겠지만 말이다. 이 문제를 다른 말로 표현해 본다면 그것은 '고통'이며 '결핍'이다. 그러므로 모든 인간은 고통을 받으며 살아가고 있으며, 무엇인가 결핍되어 있다.

불편한 진실이지만 고통과 결핍은 정비례하다. 인간의 모든 고통과 결핍의 원인은 다름 아닌 '이기적인 마음'으로부터 시작한다. 자기 위주, 자신의 유익만을 위한 생각과 방법, 태도, 언어 등은 결국 부정적

---

[33] "아버지여, 아버지께서 내 안에, 내가 아버지 안에 있는 것 같이 그들도 다 하나가 되어 우리 안에 있게 하사 세상으로 아버지께서 나를 보내신 것을 믿게 하옵소서"(요한복음17:21)

인 것으로 자신에게 돌아오게 되기 때문이다. 그 결과 그는 고통받게 되며 결핍을 경험하게 되는 것이다.

과연 위로를 받는 것을 싫어하는 사람이 있을까? 사랑을 받기 싫은 사람이 있을까? 단 한 사람도 없을 것이다. 그러나 사랑이나 위로를 받고 싶다면, 타인을 위로할 수 있어야 하고 사랑할 수 있어야 한다.

자신만이 슬프고 자신만이 가장 위로를 받아야 한다는 생각, 내가 사랑을 받아야 하고 관심을 받아야 하고 높임을 받아야 한다는 그 마음이 그를 사로잡고 있다. 고통 속으로 몰아간다. 그러한 자는 결국 어떤 위로도, 사랑도, 배려도, 높임도, 호의도 받을 수 없다. 이것은 영적 원리이며, 하나님께서 창조하신 인간이 갖추어야 할 너무나 중요한 지혜이다.

마음이라고 하는 것, 생각, 관념이라는 것은 항상 두 가지로 세상에 표현되고 있다. 하나는 이타적인 마음, **'나보다 너'**를 생각하는 마음, 다른 하나는 이기적인 마음, **'너보다는 나'**를 생각하는 마음으로 나뉘게 된다. 서로 다른 마음의 상태 속에서 '사람은 행복과 기쁨을 누리는가? 결핍되어 있는가?'로 나뉘게 되는 것이다. 이러한 결핍은 영혼이 병들게 되며, 결국 영혼의 병은 육체의 병으로 나오게 되는 것이 아니겠는가!

물론 인간이 병에 걸리는 것 자체를 항상 영적으로만 해석하는 것은 바람직하지 않다. 제한적인 몸, 약한 육체를 가진 존재가 인간이기에 병에 걸리고, 늙고, 죽게 되는 것은 당연한 이치이기 때문이다. 그러나 우리가 깨달아야 하는 차원은 영혼과 육체의 건강은 그 마음, 관념이라는 것과 밀접하게 관련되어 있다는 것을 알기 위함이다. 이것이 얼마나 중요한 것인지를 가르치기 위해서 그리스도께서는 이렇게 말씀하셨다.

"그러므로 무엇이든지 남에게 대접을 받고자 하는 대로 너희도 남을 대접하라 이것이 율법이요 선지자니라"

(마태복음7:12)

'율법이요 선지자'라는 말씀은 곧 우리의 신앙 전부를 말씀하고 있다고 해도 과언이 아니다. 결론적으로 인간은 두 가지의 마음을 품고 살아간다. 이기적인 마음과 이타적인 마음이다.

영적인 나병 환자인 나

고통과 결핍을 가지고 있는 '나'라는 존재는 나병 환자이며, 그 문제, 즉 부정적인 측면의 내외적인 환경, 장벽, 장애물, 관념으로 고통받고 있는 '나 자신'을 의미한다. 그러면 이 나병 환자인 나는 어떻게 해야 하나? 당연히 그 나병이 사라져야 하는 것이 아니겠는가?

결국 나병으로부터 해방되기 위해 새가 대신해서 죽는 것이다. '피를 흘리는 새'는 곧 나의 모든 부정적인 자아를 의미하는 것이다. 물론 그리스도의 대속을 상징하는 부분이 있지만, 나의 결핍, 고통, 슬픔, 상처 등을 의미하는 것이다.

우리는 삶 속에서 다음과 같은 질문에 답을 내야 한다. '부정적인 것들을 내면에 품고 살아가는 것이 현명할까? 버리는 것이 현명할까?' 부정적인 내면의 것들은 모든 불신, 집착, 패배 의식, 죄의식, 자포자기의 마음 등을 의미한다. 피를 뽑아낸다는 것은 이러한 불신의 마음에서 벗어나는 것을 의미한다. '이 모든 부정적인 것들을 끄집어내는 것'이 곧 새가 피를 흘리는 것이고 죽는 것이 아니겠는가.

'다른 새' 역시 우리 자신이다

여기에는 좀 더 깊은 비밀이 숨겨져 있다. 이러한 부정적인 것들로부터 자유롭게 되기를 원하는 것이 소망이라면 기도는 그 소망을 품고 성취하도록 하는 방법론이다. 우리가 잘 아는 부분이다. 그러니 기도를 하면서도 그 기도가 이루어진다는 것을 믿지 않는다는 것이 문제로 다가온다. 사실 믿기 어려운 것은 그 명분이 바로 물리적인 측면이고 육적인 사고이며, 나름 합리론이기 때문이다. 이성적으로 생각해서 가당치 않다는 것이다. 그것이 과연 가능할까? 기도는 하는데 이 기도가 정말 이루어질까? 라는 불신은 누구에게나 찾아오는 불청객이다. 게다가 더 치명적인 것은 '나는 할 수 없다, 나는 불가능하다'는 운명론적인 생각이 나를 사로잡는 것이다. 이것은 기도 자체를 하지 않는 모습과 같다.

  살아 있는 새를 죽은 새의 피에 담그는 것은 마치 이삭이 에서가 아닌 야곱에게 축복한 것과 같은 의미가 있다. 다시 말해 거부할 수 없는 우리의 운명이라는 것에 소망을 뒤덮어 버림으로써 운명이라는 것은 더 이상 힘을 발휘하지 못하게 되는 것과 같다. 운명은 아무런 힘을 쓰지 못하고 소망이 결국 승리하게 된다는 것이다.

  흐르는 물에서 잡은 새, 그 새의 피는 에서와 같다. 에서는 장자임에도 축복을 받지 못했기 때문이다. 그 어떤 소망도 노력도 인위적이지 않은 이상, 장자로 태어난 사람 대신 축복을 받기는 불가능하지 않겠는가? 그러나 에서가 아닌 야곱이 축복을 받았다. 우리는 같은 맥락으로 바라보아야 한다. 나병에 걸린 사람은 공동체에 들어갈 수 없다. 그는 그 병으로 부정함을 입었고 죽음을 기다리는 비참한 사람이기 때문이다. 그러나 그의 운명론적인 비참함이라는 것은 영원하지 않다. 그 벗어 버림은 곧 새가 죽어 피를 흘리는 것과 같은 것이다. 죽은 새의 피는 살아 있는 새에 입혀진다. 곧 이제 문제가 해결된 상태, 소망이 이루어진 상태, 기도가 응답된 때가 되는 것이다. 그 상태가 들에 날려 버리는 새가 되는 것이다. 죽은 새의 피를 몸에 묻힌 채 비록 죽을 수밖에 없었지만 그는 자유로움을 얻었다. 소망이 이루어진 것과 같은 것이다. 마치 장자가 아님에도 축복을 받은 야곱이 되는 것과 같다.

  진정한 자유를 얻은 상태, 한 개인의 삶 속에서 오랜 문제가 해결되

| 깨어나라 |

고 아픔이 사라진 상태, 병이 낫고 우울감이 행복감으로 변화되는 그러한 상황, 오랜 기간 가지고 있던 소망이 결국 이루어진 때, 이러한 것이 바로 날려 버리는 새를 의미하는 것이다. 이 새는 바로 우리 모두를 의미한다.

"나는 버림받았다, 나는 할 수 없다!"라는 내면의 목소리를 거부하라. 이 부정적인 속삭임이 거슬리지 않는 사람은 여전히 영적인 잠을 자고 있는 사람이다. 우리는 더 이상 이러한 소리를 듣지 말아야 한다. 들을 이유가 없다.

11장 영광의 커뮤니케이션

인간은 누구나 사람들이 자신의 말을 들어 주기를 원한다. 자신의 생각과 가치관, 세계관 및 신념 등을 타인들이 경청해 주고 인정해 주고 나아가 수신자들이 받아들여 주기를 원한다. 우리가 잘 아는 것처럼 대화는 서로의 의견이나 생각 등을 나누는 것이다. 나아가 사랑을 나누고 고통을 나누는 도구로써 볼 때 대화는 매우 유용하다.

인간이 대화를 하는 목적은 무엇일까?

대화의 목적은 물론 의사소통이 주된 이유겠지만, 궁극적인 목적은 **'즐겁고 행복하기 위해서'**이다. 건강하고 지혜로운 대화를 통한 마음의 소통은 당사자들에게 행복을 준다. 대화를 통해 행복을 얻게 되는 이유는 바로 '상대방이 나의 말을 들어 준다는 것'에 대한 만족감이다.

이는 단순히 듣는다는 것이 아니라 상대방이 공감한다는 것을 의미한다. 그럴 때 우리는 내 말이 인정받고 존중받는다는 것에 대한 만족감과 행복감을 얻을 수 있다. 그러므로 지혜롭고 사랑이 가득한 대화는 기쁨이 배가 되고 슬픔이 반으로 줄어든다고 말할 수 있는 것이 아니겠는가!

이러한 즐겁고 행복한 대화가 늘 모든 사람들과 환경 속에서 이루어진다면 좋겠지만 현실은 그렇지 않다. 그러한 이유에서 책이나 다양한 채널에서 대화법에 관한 방법론들이 나오게 된 것이 아닐까 한다.

냉소적이고 반박하는 대화를 자제하라

우선 자신의 말을 듣게 하려는 방법들 중 부정적인 측면 몇 가지를 알아보겠다.

첫 번째는 '자신의 말을 주장하기 위해 험한 표현을 사용하고 상대방의 말을 반박하는 태도' 이다. 술자리에서는 이러한 사람들을 많이 볼 수 있는데, 술에 취한 데서 나오는 모습일 것이다. 그런데 유감스럽게도 보통의 환경에서도 존재한다. 이러한 사람들이 자주 하는 표현이 있다. **'무조건 그렇게 해, 말하지 마! 내가 하라면 하는 거야!, 그건 아니라고 봐, 그런 게 어디 있어!'** 등의 말이다.

이러한 말을 하는 사람들은 말 속에 반박과 원망, 무시가 깔려 있다. 그런데 이 사람들은 왜 대화를 이러한 방법으로 이끌어 가는 것일까? 가장 큰 이유는 그러한 대화법을 사용하는 환경에서 태어나고 자랐기 때문일 것이다. 의도하든 의도하지 않든 냉소적인 표현과 부정적인 표현, 무시하는 표현들이 자신의 입에서 자연스럽게 나오는 것이다. 이러한 대화법은 대화하는 당사자들에게서 행복보다는 불쾌감과 모멸감을 가져오게 한다. 기쁨을 반으로 빼앗아 버리고 슬픔을 두 배로 격상시킨다. 이러한 대화법을 사용하는 사람이 공동체, 조직, 가족 안에 있다면 그 구성원들 사이에서의 대화는 항상 불편한 상황을 연출한다.

결국 대화를 통해서 자신의 생각을 피력할 수 있는 사람은 없게 되고 관계도 어려워진다.

'의인과 악인의 대화법'이 여기서 차이가 나게 되는 것이다. 그것은 절제와 높임, 겸손의 문제다.[34]

말을 많이 하면 마음을 얻을 수 있을까?

주변을 살펴보면 **'말을 많이 하는 사람들'**이 있다. 이런 사람은 험한 소리도 하지 않고 크게 명령적이지도 않지만 노래방에서 마이크를 계속 잡고 있으려는 사람과 같다. 상대방이 한 차례 말을 하면 자기는 그보다 2배 3배의 분량의 말을 하는 사람들이다.

어떤 사람은 자신의 말이 끝나는 것이 싫어서 끝을 맺지 않는다. 때가 되면 상대방도 말을 할 기회를 주어야 하는데, 계속해서 말을 이어가려고 무던히 애를 쓴다.

게다가 상대방의 말을 가로채는 것 또한 잘한다. 이들 화법의 특징은 같은 말을 몇 번이고 되풀이하는 것이다. 대화의 우위를 차지하려고 말이다. 역시나 이러한 부류의 사람들도 그들이 바라는 것은 역시나 자신의 말을 상대방이 듣게 하고 싶은 것이다. 그러나 타인보다 몇 배, 몇 십 배의 말을 많이 한다 해도 그의 말이 온전히 공감되고 상대방 내면에 흡수되도록 하기는 사실상 어렵다. 이 또한 잘못된 방법이

---

34. "의인의 입술은 여러 사람을 교육하나 미련한 자는 지식이 없어 죽느니라"(잠언10:21)

기 때문이다. 그들은 지혜와 지식이 없어 입술을 제어하지 못한다. 자신의 가치가 떨어진다고 믿기 때문이다.[35] 상대방의 지혜와 지식을 받아들여야 하는데, 자신의 것만을 내세운다는 오류에 빠져 있는 것이다. 하지만 실제로는 내면의 지혜와 지식이 형편없이 부족하다는 것을 스스로 반증할 뿐이다. 결국 이러한 대화가 이루어지는 곳 역시 관계 및 행복의 파괴가 찾아오게 된다.

자기를 높이는 자

또 다른 유형 하나를 소개해 본다. 이 경우는 언급한 두 유형과는 다소 다르게 보일지 모르지만 실제로는 같은 뿌리이며, 오히려 더 해롭고 위험한 모습이다. 이해를 돕기 위해 예를 하나 소개해 본다.

어느 작가가 출판 기념행사를 하게 되었다. 사회자의 소개 후 작가는 단상에 선다. 그는 인사를 한 후 책 이름을 말하면서 '인간의 행복'이라는 주제로 책을 쓰게 된 계기, 배경에 대해 발표를 한다. 그 후 감사 인사로 마무리하면서 작가 사인 행사를 시작하게 되었다. 그때 어떤 사람이 자기 차례가 되어 작가를 대면하게 되었다. 그는 다음과 같은 말을 한다. "내가 아는 아무개 작가가 있는데 그분도 행복이라는 주제로 ○○라는 책을 썼습니다!"라면서 사인 받을 종이를 내밀고 있다. 독자들은 이 사람이 지금 한 말에 대해 어떠한 생각이 드는지 궁금하다.

---

35. "말이 많으면 허물을 면하기 어려우나 그 입술을 제어하는 자는 지혜가 있느니라"(잠언10:19)

과연 이 사람의 말을 작가는 얼마나 귀하게 들을까?

아마도 대부분의 작가들은 별 반응 없이 미소만 지으면서 사인을 해 줄 것이다. 표현을 잘하는 작가라면 "네, 그러세요! 그런 분을 아셔서 좋으시겠습니다!"라며 사인을 해 주겠지만 말이다. 사인을 받던 사람이 이러한 말을 한 이유는 아마도 다음 두 가지 중 하나일 것이다.

하나는 '나도 행복이라는 주제에 대해 관심이 있다는 것'을 알리려는 의도에서 한 말이다. 행복이라는 주제에 대해 나도 관심이 많다는 것을 말하려 하는데, 그 도구가 왜 하필 다른 작가의 책이란 말인가? 차라리 "저도 행복이라는 주제에 대해 매우 관심이 많습니다. 당신의 책을 통해서 많은 영감을 받게 되기를 기대하고 있습니다. 감사합니다." 이렇게 말을 했다면 얼마나 좋았을까.

이 사람이 이러한 말을 한다면, 그는 잠언 기자가 말한 지식을 간직하고 있는 지혜로운 자라는 증거이며[36] 그를 통해서 사인회 자리는 아름다운 향기가 발산될 것이다. 행복과 기쁨은 이렇게 간단한 대화 속에서 자라나게 된다.

두 번째 의도는 **'자기를 높이는 것'**이다.

'나는 아무개 작가를 아는 사람이야!'라고 말이다. 이 자리는 작가가 책을 내기까지 수고와 어려움에 대한 격려와 축하를 보내는 자리다. 즉 높임을 받아야 하는 자는 작가인데, 왜 자신을 높이려는 것일까?

두 가지 이유 중 무엇이 되었든 이 말을 한 사람에게 치명적으로 결

---

36. "지혜로운 자는 지식을 간직하거니와 미련한 자의 입은 멸망에 가까우니라"(잠언10:14), 지식을 간직하고 있다는 것은 그만큼 나를 드러내지 않고 상대방을 높이고, 더 큰 기쁨과 품위를 드러내는 말과 행위를 의미한다.

핍되어 있는 것이 두 가지 있다. 그것은 **'지혜와 인격'**이다. 이러한 사람들은 사회생활이나 공동체 생활을 통한 관계 속에서 인정을 받기 어렵다.

　이들에게 정말 필요한 것은 자기의 말과 행동에 문제가 있다는 것을 깨닫는 것이다. 그러나 깨닫는 사람은 극소수에 불과하다. 그것은 하나님의 특별한 은혜가 아니면 불가능하기 때문이다. 그러므로 시간이 흐를수록 그는 더욱 타인에게 인정받기 위해, 자신의 말을 듣게 하기 위해, 이러한 오류를 지속적으로 반복하여 행하고 살아갈 뿐이다.

아름다운 향기, 그것은 '배려, 이해, 공감'

　지금까지 자신의 말을 듣게 하고 싶어서 애쓰는 사람들의 유형을 살펴보았다. 세 유형 모두 그들의 입에서 나오는 말에 비록 '사실과 진리'가 들어 있다 해도 이러한 대화법을 사용하는 사람들은 오히려 스스로를 깎아내리고 인정받지 못할 뿐이다. 사람들은 그들의 말을 귀 기울여 듣지 않을 것이다. 그들에게는 상대방에 대한 '배려와 이해, 공감'이라는 사랑의 덕목이 결핍되어 있기 때문이다. 이러한 사람들이 하나님의 복을 받을 수 있을까? 유감스럽지만 어렵다. 복은 사람을 통해서 오기 때문이다. 지금부터는 나의 말이 공감을 받고 받아들여질 수 있는 방법을 나누어 보려고 한다.

'하나님의 음성'을 들어야 한다

최선의 방법론은 우선적으로 하나님과 대화를 하며, 그분과 서로 공감을 나누는 것을 훈련해야 한다는 것이다.

"주의 말씀이 들리지 않는데 어떻게 대화를 하는가?"라고 반문할 수 있지만, 하나님께서는 우리에게 은밀하고 조용하게, 마음속에서 미세한 것이 떠오르도록 하신다. 이러한 경험에 대해 우리는 **'영감'**이라고 표현하고 **'성령의 감동'**이라고도 고백하고 있다. 물론 그분의 말씀은 성경 안에 있다는 것도 간과해서는 안 되지만 말이다.

그런데 하나님의 음성을 듣기 위해 우리가 갖추어야 할 것이 있다. 그것은 **'하나님께서 보시기에 합당하고 올바른 삶이라는 것'**이다.

부정적인 대화법에서 살펴본 것처럼 우리의 지혜와 인격이 부족하다면 하나님의 음성을 들을 수 없다. 죄 속에 거하거나, 자신의 육체의 욕망대로 살아가는 사람은 결코 들을 수 없기 때문이다. 우리의 내면은 주님의 생명으로 채워야 한다. 그것은 주님의 속성으로 나를 표현해야 한다는 것이다.

그분의 속성은 무엇일까? 그것은 사랑과 희락, 화평, 인내, 자비, 선함, 충성, 온유, 절제와 같은 것이다.[37] 이러한 성령의 열매가 내면에 있는 사람은 하나님의 음성을 듣는다. 하나님의 음성을 듣는 사람은 그가 하는 말을 타인들이 경청하며 존중하고 결국 받아들이게 되는 것이다.

---

37. "오직 성령의 열매는 사랑과 희락과 화평과 오래 참음과 자비와 양선과 충성과 온유와 절제니 이같은 것을 금지할 법이 없느니라"(갈라디아서5:22~23)

이유는 무엇일까?

그의 입에서 나오는 메시지가 하나님의 인격과 지혜와 일치하기 때문이다. 이러한 사람이 하나님의 사람이며 진정한 지도자라고 할 수 있다.

삶 속에서 지도자가 된다는 차원은 높은 직위나 직분 등 사회적 위치만을 의미하지 않는다. 하나님의 음성을 듣는 자, 그리고 나아가 나의 음성이 타인들에게 들리는 자가 '**진정한 리더**'이기 때문이다. 그러므로 우리 모두는 하나님 안에서 그분의 성품과 인격인 성령의 열매를 많이 맺어야 한다.

세상은 경쟁을 하라고 한다. 물론 육의 세계에서 공정한 경쟁은 선한 것이지만, 영적인 세계에서의 경쟁은 서로를 견제하거나 우위에 서려고 애쓰는 것이 아니다.

그것은 다음과 같다.

'**서로를 온전하게 하는 것, 곧 서로를 완성시켜 주는 것**'이다. 이것은 다시 말해 '**서로가 자기완성(Mastery)을 이루도록 돕는 것**'[38]이다.

우리는 온전해야 한다. 하나님 안에서 주님과 일치를 이룬다면 우리는 온전해질 것이며 완전해질 수 있다. '삶 속에서 온전해진다는 것'은 곧 우리가 모두 삶이라는 여정 속에서 지도자가 되는 것이라고 할 수

---

38. "그러므로 하늘에 계신 너희 아버지의 온전하심과 같이 너희도 온전하라"(마태복음5:48), '온전하다는 것'은 나만이 온전해진다는 것을 초월한다. 하나님께서는 인간을 온전하게 하시기 위해서, 그분이 친히 세상에 오셨다. 그분이 예수 그리스도이시며, 그리스도는 모든 인류에게 온전하도록 돕는 존재이여, 명분 그 자체이다.

있다. 진정한 지도자가 하는 말은 사람들이 경청하며 받아들이고 결국 따르게 된다. 그러므로 우리는 모두 하나님의 음성을 듣는 자가 되어야 한다. 또한 나의 입에서 나오는 메시지와 나의 인격, 그리스도의 인격이 일치하도록 노력해야 한다. 이러한 리더들 간에 오고가는 대화가 바로 '**영광스러운 커뮤니케이션**'이 되는 것이다.

   우리 모두는 삶 속에서 메시지를 서로 주고받으며 살아간다. 그 메시지는 하나님으로부터 온, 삶 속에서 필요한 지혜이며 사랑이고 소망이며 위로이다. 이러한 영적인 소통은 하나님 앞에서 합당한 삶을 살아가는 자에게 허락된 은혜이자 특권이다.

   이 소통의 그룹에 합류하기 위해서는 영적인 잠에서 깨어나야 한다. 잠을 자는 사람은 소통할 수 없다. 소통이라는 것은 깨어 있는 자들이 나누는 교감이기 때문이다. 그리고 성령의 열매이자 삶 속에서 필요한 보석과 같은 품격과 인격, 선함, 고귀함이자 거룩함을 품어야 한다. 곧 그리스도의 속성이 우리의 내면에서 깨어나야 한다.

12장 무엇을 이해할 것인가

세상에는 명언들이 많이 존재한다. 유명인이 한 말이라고 해서 명언이라고 하는 것도 있겠지만, 적어도 그것을 말한 사람은 무엇을 말했든 자신이 말하려고 한 주제 및 본질은 온전히 알고 있다고 볼 수 있다. 예로써 괴테가 말한 것으로 알려진 **'이해할 수 없는 것은 가질 수 없다'**라는 것과 같은 맥락이다. 이해는 학문의 영역에서부터 시작해서 인간관계, 자신의 삶에 대한 것들, 나아가 신앙적인 부분까지 모든 것에 걸쳐 적용될 수 있는 말이기 때문이다.

실제로 이해할 수 없다면, 진리의 말씀이라도 수신자에게는 공허한 소리에 불과하다. 지혜로 가득한 책이라 할지라도 그 텍스트(Text, 글자) 및 콘텍스트(Context, 맥락, 문맥)를 통해서 내용을 이해하지 못하면 종잇조각에 불과하다.

'인간은 젊을 때는 미래에 목을 매고 늙어서는 과거에 젖어 산다'[39]

---

39. MacDonald-Bayne, 『영원한 진리를 찾아서』, 강형규 옮김, 정신세계사, 2022, p.394 참고

는 말이 있다. 아마도 모든 인간은 이 말에서 자유롭지 못할 것이다. 노인들에게서 자주 듣는 말이 하나 있다! '내가 왕년에, 소싯적에'라는 말이다. 이 말은 결국 '과거에 젖어 살아간다는 것'을 반증하는 것이기도 할 것이다. 물론 이러한 생각이 죄이거나 잘못되었다고 말하려는 것은 아니다.

다만 인간은 옛날의 좋았던 기억, 한창때라고 생각했던 경험, 슬프고 아팠던 경험, 좋은 것이든 나쁜 것이든 이러한 것들을 먹고 산다는 것, 추억 속에서 살아가는 것은 사실상 허상을 먹고 살아가는 것일 뿐이다.

우리 눈에 보이는 모든 것들은 사실상 허상(虛像)에 불과하다. 허상이라고 하니까 염세주의나 허무주의적인 표현인 것 같지만 생각해 보자!

1년 전에 세상을 떠난 사람이나 며칠 전 세상을 떠난 사람이나, 수십 년 전 세상을 떠난 사람이나 살아 있는 사람은 죽은 망자를 볼 수 없다. 그가 느낄 수 없고 망자의 목소리를 들을 수 없는 것은 똑같다. 바로 몇 시간 전에 떠난 사람조차도 이 3차원의 세상에서는 그 사람에 대한 그 어떤 것도 느낄 수 없다.

그러므로 비록 눈에 보이는 모든 사람의 육체도 결국 허상에 불과하다고 말할 수 있는 것이 아니겠는가! 제아무리 멋있게 건축한 건물일지라도, 세월이 흘러 그 용도가 다해서 무너뜨리면 가루로 변하고 만다. 작은 입자로 변해서 더 이상 그 모습을 찾아볼 수 없게 될 것이다. 그러므로 물리적인 것들 역시 영원한 것이 아닌, 허상에 불과하다고 말할 수 있다.

현재를 살아가라

그렇다면, "인간은 왜 미래에 목을 매고 과거에 젖어 산다는 것일까?" 그 이유는 현재를 살아가지 못하기 때문이다. 이 부분에 대해 그리스도께서는 미래에 목을 매지 말아야 하는 이유를 '**내일 일을 위하여 염려하지 말라 내일 일은 내일이 염려할 것이요**'라고 가르치셨다.[40]

여기서 '나(I)'라는 주체가 있는가? 물론 수신자는 말씀을 듣고 있는 '나'이지만, 주님의 말씀은 '내일에 대한 걱정은 내일에 하면 되는 것이고 비록 내일이 와도 염려는 내가 아닌 내일이 하는 것'이라고 말씀하고 계신다. 여기서 우리가 알아야 하는 중요한 본질은 '**내일은 나하고 아무런 관계가 없다는 것**'이다. 이것이 말씀의 포인트라고 할 수 있다.

우리의 사고방식에서는 미래에 대한 막연한 불안감, 기대감 및 당장 내일 닥칠 수 있는 어려운 상황들이 나하고 가깝게 있다고 여겨진다. 그런데 한번 생각해 보자!

시간적으로 매우 가까운 내일이라는 미래가 모든 사람에게 찾아올 것이라고 생각하는가? 과연 그럴까? 당장 우리 눈에, 우리 귀에 전해지지 않을 뿐, 많은 사람들이 그토록 두려워하고 걱정하던 내일이 찾아오지 않는 상황이 되는 경우를 많이 볼 수 있다. 한편 그토록 기대하고 갈망하던 내일을 맞이하지 못하는 사람들도 많이 존재한다.

---

40. "그러므로 내일 일을 위하여 염려하지 말라 내일 일은 내일이 염려할 것이요 한 날의 괴로움은 그 날로 족하니라"(마태복음6:34)

이것이 무엇을 의미하겠는가?

'내일이라는 미래는 모든 사람들에게 허락된 권리가 아니라는 것'이다. 그리고 **'내일이라는 미래는 그 어떤 사람에게도 중요하지 않다는 것'**이다.

그러면 인간에게 무엇이 중요하다는 것일까?

그것은 현재의 시간이며, 오늘의 삶 그 자체다. 이것을 다르게 표현한다면 다음과 같다.

'지금 이 시간은 모든 사람들에게 허락된 권리이다. 그리고 지금 바로 이 시간이 모든 사람에게 중요한 것'이다. 이러한 상태가 '현재를 살아가는 현존한다는 것'이다.

이 가르침을 예수께서는 **'한날의 괴로움은 그날로 족하니라'**라고 말씀하시고 계신다. 이 말씀은 '한날의 기쁨과 영광도 그날로 족하다'라고 생각하는 것과 같다. 인간은 현재에 존재하기 때문이다. 이것이 현존하는 것이다.

결국 인간은 삶에 대한 이해가 부족하기에, 다시 말해 현존하지 못하므로 일어나지도 않은 미래의 일을 걱정하며 두려워하고 있다. 미래에 있을지 모를 상황으로 인해 현재를 포기하고 두려움 속에서 살아간다. 이러한 삶은 사실 미련한 것이다.

'내일 지구가 멸망하더라도 나는 오늘 한 그루의 사과나무를 심겠다.'라는 말이 있다. 스피노자가 한 명언으로 알려져 있지만, 사실 종교 개혁자 마르틴 루터라고 주장하는 학자들도 많이 있다. 누가 이 말을 했든 내일 지구가 사라진다고 해도, 그보다 더 중요한 것은 '내가 살아 있는 이 시간, 바로 오늘이 중요하다는 것'이 아니겠는가! 그는 그 시간에 사과나무를 심겠다는 것이다. 물론 합리적인 측면에서 볼 때 **'내일이면 지구가 멸망하는데, 사과나무를 심으면 무엇 하나? 열매 맺는 것을 볼 수 없을 텐데'**라는 생각이 들 수 있다. 모순처럼 느껴질 수도 있다. 그러나 이것은 모순이 아니다. 미련한 것도 아니다. 보다 적극적으로 자신에게 허락된 시간을, 삶을 살아가겠다는 것이다. 바로 현존한다는 것이다.

우리는 미래를 위해 살아가는 것이라는 고정 관념에서 벗어나야 한다. 미래는 **'오늘을 기쁘게, 값지게, 행복하게, 거룩하게 살아가는 자에게 찾아오는 또 다른 오늘'**일 뿐이다. 이러한 자각 및 깨달음을 자신의 내면에서 깊이 아는 것이 **'영적인 이해'**이다.

죽음의 두려움

인간이 평생 느끼는 두려움의 최고봉이라고 할 수 있는 것은 '육체의 죽음'일 것이다. 왜 죽음이 두려울까? 단순히 피상적인 측면에서는 죽음에 이르는 고통이 많은 부분을 차지할 것 같지만, 인간이 죽음을 두려워하는 이유는 과거를 버리지 못하고 미래가 없을 것이라는 절망으로 인함일 것이다. 그토록 갈망하는 미래가 불확실하기 때문이다. 평생 교회를 다녔던 사람이거나, 그렇지 않던 사람이라도 이 부분에 대한 두려움을 가지고 있다. 그렇다면 우리는 이러한 결론에 이를 수 있다. **'두려움의 최고봉이라는 죽음을 극복하면 정말 두려움에서 자유로울 수 있지 않겠는가?'**이다. 그러나 '극복'으로는 두려움에서 벗어날 수 없다. 필자가 고등학교 2학년 5~6월 쯤 있었던 일로 기억한다. 담임 선생님의 아버님이 돌아가셨다는 소식을 접하면서, 그분을 한동안 뵐 수 없었다. 다른 선생님이 일주일 임시 담임을 맡아 주셨는데 일주일이 지나고 이 주일이 지나도 담임 선생님은 오시지 않았다.

후에 들은 이야기는 부모님의 죽음 이후 겪은 정신적인 충격으로 안정이 필요하다는 것만을 전달받았을 뿐이다. 선생님은 결국 학교를 떠나셨다. 지금 생각해 보면 부모님의 죽음도 있겠지만, 그분 내면의 심한 고통 및 우울증을 앓고 계셨으리란 생각이 든다. 아버지의 죽음이 더욱 자신 내면의 우울감 및 정신적인 아픔을 증폭시켰을지 모른다. 이미 오래전 일이라 현재는 어떻게 지내고 계실지 모르지만, 그분이 그것을 극복해야겠다고 마음먹었다면 가능했을까? 사람들은 대부분 극복이라고 표현하지만 어렵다고 본다.

극복이 아니라, 이해다

'아버지의 죽음에 대한 이해, 내 삶에 대한 이해, 내가 처한 상황에 대한 이해'이다. 이해가 없으면 극복할 수 없기 때문이다. 고통에 대한 이해가 없으면, 인간은 결코 극복할 수 없다.

우리는 흔히 '**산 넘어 산**'이라는 표현을 한다. 이것이 극복이라는 차원으로 삶을 바라보는 관념적인 표현이다. 이러저러한 문제를 해결했다고 해도, 계속해서 생겨나는 것은 문제이고 갈등이다. 예기치 않은 어려움이다. 직장인에게는 한 가지의 일을 끝냈다고 하지만, 또 다른 업무는 지속적으로 그에게 다가올 것이다.

그러면 극복해야 하겠는가? 아니다.

이해다. 이해하면, 그것은 내가 현재를 살아가는 것에 대한 삶 자체가 되는 것이다. 일에 쫓기는 것이 아니라, 일 자체도 나의 삶의 일부분이 되는 것이다. 그러나 극복으로 바라본다면 모든 것들은 장애물이며, 산이 되고 만다. 결국 내일은 오지 말아야 하는 시간이 되며 미래는 곧 두려운 괴물이 되는 것이다.

그러므로 삶이라는 것은 극복하려는 것이 아닌, 이해하는 것이다.

'어제 곧 과거'에 대한 이해

우리는 '지나간 일을 돌이켜 생각하는 것 또는 그런 생각이나 일'과 같은 것들을 일컬어 추억(Memory)이라고 한다. 추억이라는 낱말은 대부분 긍정적인 측면에서 사용되고 있다. 흔히 좋은 추억이라고는 말을 하지만 나쁜 추억이라는 말은 잘 사용하지 않기 때문이다.

잠을 자기 전이나 그저 상념에 사로잡혀 있을 때, 많은 사람들이 과거의 추억을 회상하곤 한다. 물론 좋은 기억을 떠올리면 기분이 좋아지기 마련이다. 그러나 나쁜 기억들, 슬픈 기억을 생각하면 마치 지금

겪고 있는 것처럼 마음이 아파지고 힘들 때가 있다. 그러므로 **'생각'**이라는 것은 대부분 **'과거의 연상, 경험을 반복하는 것'**이라고 말할 수 있다. 인간은 한 번도 겪어 보지 못한 것들은 생각할 수 없기 때문이다. 물론 공상(Fantasy)이라는 것이 있지만, 공상도 역시 과거의 경험 및 지식에서 비롯되는 것이다. 예로써 군대 생활을 해 보지 않은 사람, 전쟁 관련 영화를 한 번도 본 적이 없는 사람, 그러한 뉴스 및 전쟁 소설 같은 이야기조차 접해 보지 못한 사람이 전쟁을 주제로 한 소설을 쓸 수 있을까? 불가능할 것이다.

그러므로 인간이 하는 생각은 '기억의 산물이며, 물리적인 측면으로 보면 낡은 것이고 기억을 새롭게 갱신하는 것'일 뿐이다.

냉담한 표현일지 몰라도, 우리 모두에게 있어서 어제, 곧 과거는 이미 지나가 버린 환상에 불과하다. 환상은 사라져 버리는 현상에 불과한 것이다. 사실 실상이 아니다. 비록 우리가 경험한 현상이라 할지라도 지나가 버린 과거는 환상일 뿐이다. 그 환상을 잡으려고 계속해서 생각하고 그 생각을 갱신하는 것이 과거를 먹고 살아가는 것이다. 후회와 통탄, 분노와 같은 부정적인 감정들은 대부분 과거와 연관되어 있다. 이 과거의 '나'를 생각함으로써 우리는 의도치 않게 과거라는 허상의 노예로 살아가고 있다.

인간은 이미 지나가 버린 과거의 어느 시점으로 돌아갈 수 없다. 인류에게 과거로 돌아갈 수 있다는 '타임머신'이라는 기계가 있다면 이야기는 달라지겠지만 말이다. 그러나 만일 과거로 돌아가서 나와 관련된 무엇인가를 바꾸게 된다면 현재의 '나'는 허상이며 존재할 수 없지 않겠는가! 그러므로 인간에게 있어서 과거에 대한 집착은 아무런 의미가 없는 미련함일 뿐이다.

  그리스도께서는 지금 이 시간을 살라고 말씀하신다. 우리가 진정한 현재를 살아가는 존재가 되려면 내 삶의 모든 상황, 모든 생각, 모든 관념들을 극복하는 것이 아니라 이해해야 한다. 우리가 이해할 때 비로소 현재의 삶이 보이기 때문이다.

영적 모방에서 벗어나라

  '영적 전쟁'이라는 것은 교회에서, 성도들 사이에서 많이 다루는 주제 중 하나이다. 영적 전쟁이라는 것을 마귀의 공격으로 초점을 맞추려는 경향이 있지만, 이 전쟁은 제한적이지 않다. 이 전쟁의 중심은 **'모든 관념과 관념 간의 대립이며, 갈등'**이라고 말할 수 있기 때문이다.

  지상에서 벌어진 많은 전쟁들, 두 번의 세계 대전, 종교 전쟁 모두는 그 중심에 관념 간의 싸움이자 관념의 집합체라고 할 수 있는 이념 간의 갈등이 자리 잡고 있었다. 개인 간의 대립이나 갈등 역시 관념의 차이다. 오래된 경험 속에서, 계속해서 갱신된 나의 생각은 관념으로 뿌리 깊게 자리 잡아 왔다. 이것이 바로 견고한 진이며, 이 진이 나의 자유를 빼앗고 있다는 것이다. 한편 이 견고한 진이 영적으로는 사탄에게 미혹된 상태이며, 그의 하수인들인 어둠의 존재들에게 결박된 것을 의미한다. '마귀에게 사로잡혀 있다는 것'은 결국 관념에 사로잡혀 있다고 말할 수 있다. 그리고 관념은 믿음으로 발전한다.

예로써 이단 및 사이비 종교에 빠진 사람들을 생각해 보자! 그들은 한 개인이나 집단의 잘못된 관념을 그대로 받아들인 사람들이다. 그들이 주장하는 종교적인 관념의 늪에 빠져 버린 사람들이다. 그 관념은 그들의 믿음이 되었다. 그러므로 그들은 '영적인 모방자'라고 말할 수 있다. 그들은 '영적인 이해' 없이 모방했기 때문이다. 많은 사람들이 착각하는 것이 있다. 그것은 관념을 받아들인 것과 이해하는 것을 동일시한다는 것이다. 그러나 실상은 전혀 다른 문제다. 내면에서 온전한 이해가 이루어지지 않으면, 받아들임은 곧 모방에 불과하기 때문이다. 비록 그 모방이 교회에서 이루어진다고 해도 다를 것이 없다.

설교를 듣고 오늘 은혜로운 말씀이라고 고백하는 단계는 하나의 생각이다. 목회자의 영적인 관념을 받아들인 것이다. 여기서 멈추어 버린다면 그는 아무것도 남는 것이 없는 모방자에 불과하다. 시간이 지나면 잊히기 때문이다.

그 설교를 온전히 내면에서 소화시키고 그 말씀대로 삶에 적용하며 살아가는 사람들이 있다. 이러한 사람이 설교를 이해한 것이며, 하나님의 말씀이 그에게 임한 사람이라고 할 수 있다.

가능하면 삶의 모든 것을 이해하려고 하는 사람이 자유인으로 살아갈 수 있는 자세를 갖춘 사람이다. 사람은 자신이 이해한 만큼 자유를 얻기 때문이다. 나에게 주어진 지금 이 시간보다 더 중요한 것은 없다. 과거와 미래는 허상에 불과하기 때문이다. 허상을 위해서 지금 이 시간을 헛되이, 고통스럽게 살 이유는 없지 않겠는가!

그러므로 우리는 삶을 이해해야 한다. 삶은 극복하는 것이 아니다.

이것은 하나님의 나라와 그분의 의를 구하는 것이기도 하다. 오직 영원한 존재는 한 분이신 아버지, 하나님이시다. 그분의 나라는 영원하다. 오늘이 바로 아버지의 나라를 구하는 시간이며, 지금 이 시간이 하나님의 의를 구하며 경험하는 때다.

13장 본질을 추구하라

유대인의 지혜서인 『탈무드』에는 다음과 같은 가르침이 있다.

"돌이 항아리 위에 떨어지면 그것은 항아리의 불행이고, 항아리가 돌 위에 떨어져도 그것은 항아리의 불행이다."

여기서 우리는 '본질과 비(非)본질'이라는 개념을 생각하게 된다. 이 말속에 본질은 무엇이겠는가? 항아리는 비록 크기가 크다 할지라도 그릇이기에 소중하게 다뤄야 한다. 충격에 약하므로 깨지기 쉽기 때문이다. 그러나 돌은 크기가 작다고 해도 단단하고 그것이 부서진들 문제는 없다. 이 단순한 물리적 이치를 생각하는 것에서 우리는 좀 더 귀한 교훈을 얻게 된다. 그것은 잠언 13장 20절 말씀으로 생각해 볼 수 있다.

"지혜로운 자와 동행하면 지혜를 얻고 미련한 자와 사귀면 해를 받느니라"

어떤 고귀하고 경건한 사람이 있다고 하자! 그에게 미련한 자들, 악한 자들이 찾아와서 함께 사귀자고 하였을 때 그 말에 동의한다면 결국 누가 손해를 보겠는가? 당연히 고귀한 인격을 가진 경건한 사람이다.

반대로 이번엔 미련하고 악한 자들에게 이 경건한 사람이 찾아가서 같이 사귀자고 한다면 누가 손해를 보겠는가? 마찬가지로 고귀한 인격을 갖춘 경건한 사람이다. 지혜로운 사람이 지혜로운 사람을 알아보는 법이며, 지혜로운 사람이 지혜로운 사람과 동행하는 법이다. 미련한 사람이나 악한 사람은 결코 지혜로운 사람과 동행할 수 없으며, 사귈 수 없다. 이러한 영적인 깨달음 및 교훈을 얻을 수 있는 것은 말씀의 본질로 접근했기 때문이다.

영적인 본질, 나아가 삶의 본질을 추구하라

그리스도께서는 듣기에 따라 당혹스러운 말씀을 하셨다.
"나더러 주여 주여 하는 자마다 다 천국에 들어갈 것이 아니요"[41]라고 말이다. 현 개신교 및 구교의 구원론에서 생각해 보면, 예수 그리스도를 향해 주님이라고 고백을 하는 사람이라면 크고 작은 견해의 차이는 있겠지만 구원받은 사람이라고 말한다. 구원받은 사람은 천국에 들어가야 하는 것이 일반적으로 알고 있는 기독교의 핵심이자 신학적인 해석이고 교리이다. 그런데 예수님께서는 정면으로 반박하시는 것 같다. 천국에 들어가는 사람은 '아버지의 뜻대로 행하는 자'라고 말이다. 우선 문자적인 측면으로 생각해 본다면 '입으로만 주여, 주여 하는 것'은 의미가 없고 '하나님이 나의 주님이라는 것을 삶으로 증명하는 사람'이 구원받는다는 것임을 알 수 있다. 여기까지는 그렇게 어렵지 않게 추론할 수 있다. 비록 행하는 사람이든, 행하지 않는 사람이든 말이다.

---

41. "나더러 주여 주여 하는 자마다 다 천국에 들어갈 것이 아니요 다만 하늘에 계신 내 아버지의 뜻대로 행하는 자라야 들어가리라"(마태복음7:21)

문제는 그 다음의 말씀이다. 천국에 들어가지 못하는 자들이 행한 일들이 우리를 혼란스럽게 한다. 그들이 천국에 못 들어가는 것에 대해 반박할 수 없을 정도로 악한 죄를 지은 행위들을 한 것이 아니라는 것이다. 그들이 한 것은 **'주의 이름으로 선지자 노릇을 하며, 귀신을 쫓아내며, 권능을 행했다는 것'**이다. 이들이 이러한 일을 행했음에도 불구하고 주님으로부터 **'불법을 행하는 자'**라는 평가를 받는다. 한편 그들이 행한 불법에 대해 구체적인 언급이 없다.

우리는 어떻게 이해해야 할까?

우리는 이 말씀의 본질을 찾지 않으면 이해할 수 없다. '본질'이 바로 말씀에 대한 해석의 키워드이기 때문이다. 비록 주님을 향해서 **'나의 하나님이라고 고백하는 사람'**이라고 해도 그들이 천국에 들어가지 못하는 이유는 다음과 같다.
그들은 **신앙에 대한 본질**을 파악하지 못했다. 그 결과 그들은 삶의 다양한 요소 속에서 **본질을 벗어난 미련함**으로 인해 **'악한 열매'**를 맺었다.

신앙의 본질은 무엇일까?

사실 이 질문은 모순이며, 역으로 답을 알려 주는 질문이기도 하다. 이에 대한 답은 다음과 같다.

'신앙은 삶의 모든 영역에서 본질을 파악하는 것이며, 본질은 곧 신앙이다.'

이 말을 또 다른 표현으로 해 본다면 **'신앙은 진리에 도달하기 위한 믿음'**이라고 말할 수 있으며, 본질은 곧 진리라고 말할 수 있다. 그러므로 **'신앙은 본질이고 진리이며, 진리는 본질이며 신앙이다'**라는 명제에 도달하게 되는 것이기도 하다.

나는 교회에 나가니까! 매주 예배를 드리니까! 헌금을 드리니까! 세례를 받았으니까! 등과 같은 생각이나 행위들이 한 개인을 진리에 이르도록 할 수 있다고 보는가?

물론 위에 열거한 것들 대부분은 **'기독교적인 행위'**라고 말할 수 있다. 사실 유감스럽게도 기독교인들은 이러한 것들을 명분으로 하나님을 안다고, 신앙을 가졌다고, 진리를 안다고 생각한다.

정말 이것으로 충분할까?

어쩌면 대부분의 신앙인들이 알고 있다는 진리는 단순히 영적인 모방(Imitation)에 불과하다는 합리적인 의심이 들 수밖에 없다. 의구심에 대한 이유는 본질을 사랑하지 않기 때문이다. 다시 말해 진리를 사랑하지 않기 때문이다.

'주님 사랑합니다!'라는 고백은 쉽게 하지만, 삶 속에서 본질에 대한 사랑에는 관심이 없는 것이다. 예배는 드리지만 예배의 본질에 대한 것에는 무지하다. 예배의 본질은 무엇인가? 예배의 본질은 **'하나님이 나의 왕이라는 것, 그분이 나의 모든 것'**이라는 신앙 고백을 공식적으로 표현하는 것이다. 그러나 삶 속에서 본질은 잊어버리고 한 주

동안 내 마음대로 내 뜻대로, 남들이 하는 대로, 상황에 따른 감정대로, 살아가고 있다. 자기가 항아리인 줄 모르고 함부로 돌에 부딪히며 살아간다. 본질을 찾아볼 수 없기에, 그들의 삶에는 진리가 없다. 그리고 시간이 지나 주일이 되면 예배를 드리러 예배당을 찾는다. 이 삶은 지속적으로 반복되고 있다. 결국 그들의 삶은 천국의 삶이 아니다.

예를 하나 들어 보자!

친구 사이인 A, B 두 사람이 있다. A는 B에게 얼마의 돈을 빌렸다. 일주일 후 갚는다는 약속은 지키지 않고 벌써 한 달이 다 되어 간다. 그런데 A는 빌려 간 돈은 갚지 않으면서 B에게 밥도 사고 선물도 준다. 과연 B라는 친구는 A가 사 주는 밥과 선물이 고맙게 느껴지겠는가?

한 번은 몰라도, 두 번째는 불쾌할 것이다. 내 돈을 가지고 인심을 쓰고 있다고 생각하기 때문이다. 이 상황에서 보면 본질은 돈이 아니다. 친구 간의 신의이며, 진정성이다. 그는 신의를 위해서 돈을 먼저 갚아야 했다. 돈을 갚지 않으면서 밥과 술값을 지불하는 것은 친구 간의 관계, 도리의 본질에 어긋나는 행위인 것이다. 비록 친구에게 밥이나 선물을 주는 것 자체는 선한 것이지만 상대방이 그의 행위를 호의로 받아들이기는 어렵다. 이와 같이 단순한 일상에서 일어날 만한 일을 예로 들었지만, 이러한 것에서 우리는 본질에 대한 중요성 및 진리를 알아차릴 수 있다.

그러므로 하나님 아버지의 뜻대로 행한다는 것은 **'삶 속에서의 본질을 위해서, 진리를 위해서, 신앙을 위해서 살아가는 것'**을 의미한다.

지혜를 사랑하라

마태복음 7장 24절에는 다음과 같은 말씀이 있다.

"그러므로 누구든지 나의 이 말을 듣고 행하는 자는 그 집을 반석 위에 지은 지혜로운 사람 같으리니"

인간의 삶 속에서 중요한 단어가 하나 나온다. 그것은 '**지혜**'이다. 아버지의 뜻대로 행하는 자를 지혜로운 사람이라고 말씀하기 때문이다. 누구나 지혜를 찾고 지혜로운 사람이 되고자 하지만, 아버지의 뜻대로 행함이 곧 지혜라는 것을 아는 사람은 소수에 불과하다. 지혜를 다음과 같이 정의 내릴 수 있다.

"지혜는 삶 속에서 펼쳐지는 모든 것들로부터 본질을 알기 위한 일련의 생각과 앎이다."

이러한 생각과 앎을 통해서 나오는 말과 행동을 소유한 사람이 지혜로운 사람이다. 본질 곧 그러한 진리를 위해서 행하는 것을 의미하며, 자신의 신앙을 위해서 살아가는 삶의 길을 의미한다.

또한 지혜는 하나님으로부터 나오는 것이기에 신앙의 본질이 표현된 삶의 태도 및 방향, 모습이라고 말할 수 있다.

우리는 어려서부터 가정이나 학교, 나아가 사회에서 본질에 대한 중요성 및 그것에 대한 접근에 대해 교육을 받아 왔지만, 생각보다 그 깊이가 낮았다. 우리가 살아가는 현시대는 영적으로 진화하고 있으며 발전하고 있다.

특히 우리나라는 더욱 그러하다. 소위 말하는 학벌 및 학력의 힘이 점점 사라지고 있다. 전 세계적으로 중요시되는 것이 있다면, 지식의 많고 적음보다는 실제로 그 사람이 가지고 있는 능력이라는 것이다. 그 능력에 대한 검사 및 기준이라는 것이 점차 발전되어서 지금은 '다중 지능 이론(공간 지능, 신체 운동 지능, 논리 수학 지능, 언어 지능, 음악 지능, 자기성찰 지능 外)'이라는 것이 사람의 능력을 평가하는 기준으로 점점 자리 잡고 있다.

왜, 이러한 기준의 변화가 일어나고 있는가?
이것은 인간의 본질에 접근하고 있기 때문이다. 인간은 자신의 능력을 평가받는 데 있어 시험지로 측정할 수 있을 만큼 그렇게 간단한 존재가 아니라는 것이다. 실제로 '국어, 영어, 수학과 같은 과목을 잘하는 것'은 능력이다. 그렇지만 모든 사람들이 이러한 능력을 가지고 있는 것은 아니다. 같은 이치로 공부를 잘한다고 다른 것들을 모두 잘하는 것도 아니다. 인간은 본질적으로 다양한 독립된 영역의 지능을 가지고 있기 때문이다.

예로써 만일 **'언어 지능'**이 높은 사람이 생계가 어려운 나머지 마귀의 유혹에 이끌린다면, 그는 사기꾼이 될 확률이 매우 높다. 또한 많은 사람들이 **"정말 머리에 쏙쏙 들어오게 잘 가르치는 교수를 찾기는**

생각보다 어렵다."라고 말을 한다. 많이 아는 것과 쉽게 가르치는 것의 상관관계가 늘 높은 것은 아니기 때문이다. 잘 가르치려면 언어 지능이 있어야 한다.

이러한 접근법은 인류의 의식 수준이 높아지고 있다는 반증이기도 하다. 그러면 인간에 대한 이해 및 의식이 높아진다는 것의 원동력이 무엇이겠는가? 그것은 인간의 본질을 찾고 알아 가며, 그 본질을 위해서 다양한 연구를 한다는 것이다.

우리의 신앙 속에서 본질은?

현재 돈이나 집, 자동차, 모든 것들을 실제로 내가 소유하고 있다고 생각한다면 그것은 오해에 불과하다. 왜냐하면 인간은 그 육체의 옷을 벗고 영혼이 떠날 때, 내가 가진 것들 중 그 어떤 것도 가지고 갈 수 없기 때문이다.

다만 가지고 가는 것이 있다면 그것은 바로 삶 속에서 겪었던 모든 선함과 악함, 기쁨과 슬픔, 성취와 실패에 대한 기억들이다. 어떤 사람들에게는 이 기억들이 천국에서 받는 상급이 될 것이며 세상에는 아름다운 열매로 남게 될 것이다. 반대로 어떤 사람들에게는 이 기억들이 지옥에서 겪는 고통의 무게가 될 것이며, 세상에 나쁜 열매를 남기고 떠나는 것이 아니겠는가. 그러므로 엄밀히 말하면 내가 가지고 있다고 생각하는 모든 것들은 소유가 아니라 빌리는 것에 불과하다.

예로써 '십일조'라는 헌금은 실제로 '나의 소유가 없다는 것'을 하나님 앞에 행함으로 보이는 신앙 고백이다. 결국 내 것의 하나를 드리는 것이 아니라 하나님으로부터 아홉을 받는 것이다. 이것이 십일조 헌금의 본질이다.

이러한 본질에 대해 무지하고 내적으로 깨닫지 못하면, 십일조 헌금은 드릴 수가 없다. 결국 신앙의 본질, 다시 말해 삶의 본질은 **'내가 무엇을 하느냐?'**가 아니다.

'나는 왜 해야 하는가? 나는 어떻게 해야 하는가?'라고 말할 수 있다.

주님으로부터 불법을 행했다는 평가를 받은 사람들이 내세운 것은 행위 자체 '내가 무엇을 했다는 것'이었다. 내가 주의 이름으로 선지자 노릇을 했고 귀신을 쫓아냈으며, 권능을 행했다고 말이다.

생각해 보자!『흥부와 놀부』에서 알 수 있듯이, 두 형제가 제비의 부러진 다리를 고쳐 준 행위는 겉으로는 선해 보이지만 본질은 서로 완전히 다르다.

'하나님의 뜻대로 행하는 자'는 '왜, 그리스도인의 삶을 살아야 하는가?', '크리스천으로서 어떻게 살아야 하는가?'에 대한 본질적인 측면을 생각하며 실천한다.

이러한 지혜로운 사람들은 말씀에서처럼 '비가 내리고 창수(물이 범람하는 상황)'가 나더라도 굳건히 서 있을 수 있는 것이다.

그러나 본질에서 벗어나 살아가는 사람들은 삶 속에서 역경이 닥치면 무너져 버리고 만다. 가정이 해체되고 관계가 파괴되며, 자신의 삶이 파괴되고 마는 것이다.

　예수 그리스도를 믿는 사람은 삶의 본질 곧 신앙의 본질을 위해, 진리를 위해 살아가는 사람이다. 그분이 바로 삶의 본질, 신앙의 본질, 진리 그 자체이기 때문이다. 너무나 많은 사람들이 비본질에 집중한 나머지, 그것에 집착하며 살아가고 있다.

　비(非)본질적인 삶은 항상 '행위 자체'에 초점을 맞추게 된다. 행위에 초점을 맞추게 되면 시행착오 및 오류와 상처, 실패를 만나게 될 것이다. 결코 좋은 열매를 맺을 수 없다. 우리의 영적인 사고는 항상 '무엇을 하고 있는가'에서 '왜, 무엇을 하는가?'로 자리 잡아야 할 것이다.

　삶 속에서, '왜, 어떻게'를 생각하며, 본질을 알고 실천하는 사람은 지혜로운 사람이다. 그는 지혜 그 자체가 될 것이다. 그의 내면에 그리스도가 함께하시기 때문이다.

14장 바라봄의 비밀

인간은 한 평생 '무엇인가'를, '누군가'를 바라본다. 그 바라보는 대상이나 이유는 매우 다양하다. 인간은 바라보는 대상에 따라서 행복과 기쁨, 불행과 슬픔을 더할 수 있다.

사람들이 바다를 보면 기분이 좋아지는 이유는 무엇일까?

표면적인 것은 '끝없이 펼쳐진 바다의 장엄한 광경, 끝없이 지속되는 파도, 바다의 내음'을 통해서 기분이 좋아진다고 생각한다. 조금 더 본질적으로 생각해 보면 바다는 나의 삶과 나의 능력에 대한 유한함에서 무한함이라는 것을 생각해 볼 수 있는 매개체가 되는 것일 수 있다. 바다를 보면서, 인간은 간접적으로 하나님을 바라보게 되는 것이 아닐까 한다. 산이든 바다든, 대자연의 풍경 속에서 인간은 복잡한 삶의 공해를 떠나서 삶 자체를 바라볼 수 있고 신앙을 가진 사람은 하나님을 발견하게 되는 것이다. 그래서 의도하든 의도하지 않든 인간은 여행을 떠나는 것이 아니겠는가.

일본의 '에모토 마사루'[42]라는 학자가 실험한 것이 있다. 유리병에 담긴 물을 관찰한 것인데, 한쪽은 **'사랑과 감사'**라는 단어를 써 놓고 다른 하나는 **'증오, 악마'**라는 단어를 써서 붙였다고 한다.

---

42. 에모토 마사루(1943. 7~2014. 10), 『물은 답을 알고 있다』의 저자로서 과학자는 아니지만, 정신세계에 대해 관심이 많은 사람이었다. 생애 33권 이상의 책을 저술했으며, 인간의 정신과 물질과의 관계에 대해 많은 연구와 노력을 한 것으로 알려져 있다. 물론 그의 주장은 주류 과학계에서는 유사 과학으로 받아들여진다.

그런데 후에 물의 입자를 전자 현미경으로 보니, 엄청난 차이가 생겨났다는 것이다. 사랑과 감사라는 병에 들어 있는 물은 정교한 패턴을 가진 아름다운 모습을 지니고 있는 반면, '증오, 악마'라고 쓴 물은 흐트러지고 형체를 알 수 없는 결정체를 보였다고 한다. 비슷한 방법으로 쌀로 밥을 지은 두 개의 병도 같은 실험을 했다. 한 달 후 '사랑과 감사'가 적힌 밥은 잘 발효된 누룩 냄새를 풍겼으나, '증오, 악마'라고 쓰인 밥은 곰팡이가 피고 검게 썩어서 악취가 진동했다고 한다.

왜 이러한 현상이 벌어지고 있는 것일까? 물이나 밥이라는 것도 의식을 가지고 있다는 것일까?
물론 우리 같은 인간의 의식과는 차이가 있겠지만, 분명한 것은 하나님으로부터 창조된 물질이라는 것에는 공통점이 있다. 그렇다고 해도 어떻게 이러한 현상이 일어나는 것일까?

이것이 바로 **'어떻게 바라보느냐에 따라 변하는 물질의 속성'**이라고 할 수 있다. 물이나 밥에 이러한 능력이 있는 것이 아니라, 바라보는 자에게서 이러한 능력이 나오고 있다는 것이다.

쉬운 예로 생각해 보자!

두 사람에게 어떤 일을 부탁한다고 가정해 보자!
한 사람에게는 "제가 보기에 당신이 이 일을 하시면 정말 잘해 주실 거라고 생각합니다. 잘 부탁드립니다."라는 말을 전한다. 다른 한 사람은 "당신한테 이 일을 맡겨도 될지 모르겠네요! 당장 맡길 사람이 없어서요!"라고 말한다. 두 사람 모두 자신이 이 일을 해야만 하는 상황이라면, 누구에게서 최선의 결과물이 나오게 될까? 의심의 여지 없이 나를 좋게 평가해 주고 인정해 주는 사람일 것이다.

이러한 측면에서 생각해 볼 때, 내가 원래부터 능력이 있어서가 아니라 **'나를 바라보는 자의 믿음'**대로 그러한 능력을 부여받게 되는 것이라고 할 수 있다. 실험을 통해서 물질도 역시나 이 믿음에서 벗어나지 않는다는 것을 알 수 있다.

결국 **'내가 어떻게 바라보는가? 내가 무엇을 바라보는가?'**에 따라서 나의 삶으로 다가오는 것이 좋은 것인지, 나쁜 것인지를 결정하게 된다는 것이다.

흔히들 이러한 영적인 원리를 세상에서는 '끌어당김의 법칙(The law of attraction)'이라고 말하고 있다. 하지만 하나님의 창조 원리에 무지한 상태에서 단순히 이 원리 자체로만 이해하는 것은 반쪽짜리에 불과하다.
소위 'Secret'이라고 하는 '끌어당김의 법칙'이 전 세계적으로 많은 사람들에게 알려져 있지만, 대부분의 사람들은 여전히 삶 속에서 아무것도 얻지 못하고 허탈함을 경험하며 살아간다. 호기심과 희망을 가지고 시도해 보지만 결국 포기해 버리고 만다. 이 끌어당김의 법칙의 보다 깊은 비밀은 하나님께 속해 있고 그분의 창조 원리에서 비롯된다는 것을 알아야 한다.

인간이 좋은 것만을 끌어당기면 얼마나 좋을까? 하지만 현실은 그 반대다. 대부분의 사람들은 자신의 의도와는 다른 경험을 하곤 한다. 하나님의 속성, 그분의 사랑, 지혜, 진리의 무지로 인해 좋은 것보다는 나쁜 것들을 끌어당기면서 살아간다. 이러한 깨달음, 영적인 원리를 우리는 **'바라봄의 법칙'**이라고 불러 보겠다.

무엇을 바라보아야 하는가?

본격적으로 '바라봄의 법칙'에 대해 좀 더 생각해 보자!

우선 우리는 '무엇을 바라보아야 하는가?'에 대한 답을 해야 한다. 이 질문은 간단한 것이지만, 매우 어려운 것이기도 하다. 당연히 '내 눈에 보이는 것을 바라보는 것이지, 무엇이 중요하단 말인가?'라고 생각할 수 있지만 그렇지 않다.

바라보는 것이 무엇이든, 사람, 물질, 식물, 동물, 자연, 그 외 어느 것이든 우리는 바라보는 관점의 중심에서 하나님을 볼 수 있어야 한다는 것이다.

이전에 언급한 것처럼 대자연의 장엄한 광경을 통해서 하나님의 섭리와 그분의 섬세하심, 예술가적인 능력을 깨닫게 된다. 자연을 통해 우리는 하나님을 바라보게 되는 것이다. 바다를 바라보며 그 안에서 하나님을 바라보게 되는 경험을 할 때, 인간은 단순히 바다를 바라본 것으로 얻는 좋은 감정, 행복감보다 몇 배, 몇 십 배, 나아가 비교할 수 없을 만큼의 큰 기쁨과 능력을 얻을 수 있다. 왜냐하면 하나님을 바라보는 축복이 임하기 때문이다.

　이스라엘을 생각해 보자! 가나안 땅을 향해 광야를 지날 때 이스라엘은 피곤함과 배고픔의 고통 속에 있었다. 광야이므로 당연히 물이 귀하고 불편하다. 긴 여정 속에서 배고픔과 갈증이 나면 지속적으로 모세와 하나님을 원망했다. 그들의 생각을 민수기 21장 4~5절[43]을 보면 알 수 있다.

　사실 이스라엘이 모세와 하나님을 원망한다는 것은 우리나라 속담에 있는 '물에 빠진 사람 구해 줬더니 보따리 내놓으라'고 하는 형상이다. 피곤함과 배고픔, 갈증이라는 고통을 충분히 이해하지만 말이다. 결국 그들의 원망은 더 큰 고통의 열매를 낳고 말았다.

　하나님께서 불뱀들을 백성 중에 보내신 것이다. 그들은 불뱀이라는 또 다른 복병을 생각하지 못했다.[44]

　당시의 이스라엘, 그들이 바라본 것은 황량한 광야와 이민족의 위협이었다. 그들이 바라본 것은 그들을 괴롭고 고통스럽게 했다. 당연한 것이 아니겠는가?

　광야는 풀 한 포기 찾기 어려운 메마른 땅이다. 이민족들은 그들을 죽이려고 수시로 달려드는 늑대와 같았다. 이스라엘 사람들 입장에서

---

43. "백성이 호르 산에서 출발하여 홍해 길을 따라 에돔 땅을 우회하려 하였다가 길로 말미암아 백성의 마음이 상하니라 백성이 하나님과 모세를 향하여 원망하되 어찌하여 우리를 애굽에서 인도해 내어 이 광야에서 죽게 하는가 이 곳에는 먹을 것도 없고 물도 없도다 우리 마음이 이 하찮은 음식을 싫어하노라 하매"(민수기21:4~5)
44. "여호와께서 불뱀들을 백성 중에 보내어 백성을 물게 하시므로 이스라엘 백성 중에 죽은 자가 많은지라"(민수기21:6)

생각해 보면 그들의 눈에 보이는 것은 **'광야와 이민족의 위협'** 외에 무엇이 있었겠는가? 그들의 불평은 어찌 보면 당연한 것이다.

눈앞에 펼쳐진 광야는 보고 싶지 않아도 매일 보이며, 계속해서 군대를 보내려는 이방 민족들의 소식이 귀에 들리고 있다. 이러한 부정적인 것들이 보이고 들리므로 두렵고 짜증과 화가 난다. 애굽에서는 비록 노예로 일하면서 고생했지만 적어도 마실 물은 있었고 굶어 죽거나, 타민족의 손에 죽을 위험은 없다고 생각했을 수 있는 것이다. 애굽을 떠날 때의 설렘과 희망은 분노와 짜증, 원망으로 변하게 된 것이다.

그들은 육적으로 경험하고 바라본 것을 통해 스스로 재앙을 만들어 냈던 것이다. 여기에서 우리는 매우 중요한 원리를 찾아야 한다.

하나님을 바라보라

이스라엘은 그들의 본향인 가나안 땅을 바라보아야 했으며 낮에는 구름기둥, 저녁에는 불기둥으로 인도하시는 하나님을 바라보아야 했다. 그러면 그들은 그 상황을 이해할 수 있고 견딜 수 있으며 필요한 것들을 얻을 수 있었을 것이다.

그러나 그들은 오직 두렵고, 고통스럽고, 슬프고, 분노할 만한 것들만 바라보았다. 그들은 그것에 집중했다. 결국 그들이 바라본 것들이 그들을 온전히 삼켜 버렸고 그러한 와중에 뱀에 물리고 죽게 된 것이다.

우리는 하나님을 바라보아야 한다. 모든 만물을 지으시고 섭리하시며, 계획하시고 성취하시는 하나님을 바라보아야 한다. 하나님을 바라볼 때, 우리는 만물을 다스릴 수 있고 계획할 수 있으며 이룰 수 있는 것이다.

그러나 하나님을 배제한 채 현실의 상황만을 바라본다면 우리는 주변 사람들의 생각에 의해서, 현실적인 상황에 의해서 지배당할 뿐이다.

만일 인간이 처한 상황이 버겁고, 두렵고, 고통스럽다면 그러한 수준의 부정적인 것들을 불러올 뿐이다. 결국 하나님 없는 삶은 공허함, 허무함, 고통만을 이끌어 낼 뿐이라는 것을 알게 된다. 그러므로 우리는 하나님의 눈으로, 하나님의 마음으로, 하나님의 능력으로 상황을 바라보아야 한다. 그렇게 모든 만물을 바라보아야 하는 것이다.

'우리가 왜 이웃을 사랑해야 하는가?'와 같은 이치이다. 그들을 통해서 하나님을 바라보는 것이기에 우리는 이웃을 사랑할 수 있으며 사랑해야 한다.

'우리는 어떻게 바라보아야 하는가?'

답은 '무엇을 바라보아야 하는가?'의 연속선상에 있다. 바라봄의 방법론은 '하나님을 통해서 바라보는 것'이다. 어떤 것을 계획하고 실행할 때 하나님을 통해서 바라보는 사람은 실패를 걱정하거나 두려워하지 않는다. 하나님을 통해서 바라보는 사람은 결코 패배를 생각하지 않는다.

다윗은 어떻게 바라보아야 하는 것에 대한 표준이라고 할 수 있다.

> "천만인이 나를 에워싸 진 친다 하여도 나는 두려워하지 아니하리이다 여호와여 일어나소서 나의 하나님이여 나를 구원하소서 주께서 나의 모든 원수의 뺨을 치시며 악인의 이를 꺾으셨나이다 구원은 여호와께 있사오니 주의 복을 주의 백성에게 내리소서"
>
> (시편3:6~8)

다윗은 천만인이 나를 포위한다고 해도 두렵지 않다고 고백한다. 천만인이면 가히 상상할 수 없는 사람의 수다. 그런데 다윗은 담대했다.

하나님께서는 비록 천만이 넘는 적이라고 해도 그들의 **뺨**을 치시고 이를 꺾어 버리신다고 고백한 것이다. 이것은 확신에 찬 선포이다. '나는 두렵지 않다, 나는 승리한다.'라는 믿음이다. 다윗은 하나님을 바라보고 하나님을 통해서 자신의 적을 바라보고 있는 것이다.

그러나 만일 다윗이 자신을 둘러싼 대군만을 바라본다면, 세상에서 가장 가련하고 불쌍하고 나약한 존재라는 사실에 몸을 떨었을 것이다.

그리고 우리가 간과해서는 안 될 것은 다윗이 '적들을 어떻게 바라보았는가?'이다. 그가 본 것은 **'적들이 뺨을 맞고 이가 꺾이는 것'**을 본 것이다. 이것은 너무나 중요하다. 다윗은 기본적으로 하나님을 바라보며, 하나님을 통해서 적을 바라보았던 것이다. 그가 바라본 것은 단순히 적을 본 것이 아니라, 구체적으로 **'뺨을 맞으며, 이가 꺾이는 모습'**을 본 것이었다.

이것이 **'바라봄의 표준'**이라고 말할 수 있다. 이 바라봄은 다윗의 소망이고 그 소망을 이미지화 한 고백인 것이다.

서양 속담에 다음과 같은 것이 있다. **"지켜보는 냄비는 끓지 않는다** (A watched pot never boils)"라는 말이다.

이러한 경험을 한 적이 있을 것이다.

배고픔이나 시간의 부족으로 '빨리 끓으면 좋을 텐데!', '왜 이렇게 늦게 끓고 늦게 익는 것일까?'라는 생각을 한 경험이나, 어딘가를 빨리 가야 할 때, 그날따라 신호는 계속해서 걸리고 때로는 '오늘따라 초보 운전자들이 왜 이렇게 거리에 많은가!'라는 생각을 해 본 경험들이 있을 것이다.

비록 마음은 빨리 끓기를 바라지만, 끓지 않는 물을 바라보기 때문에 그러하다.[45] 많은 사람은 세상을 살아가면서 삶의 환경이나 상황들 속에서 내가 아닌 타인들을 바라보며 살아간다.

반면 자신의 눈에 보이는 모든 것들을 하나님 안에서, 하나님을 통해서, 하나님을 소망하면서 바라보는 사람은 소수에 불과하다. 한편 누구나 자신이 바라보는 세상에 대해 해석하고 있다. 그 해석은 '누구를 바라볼 것인가, 어떻게 바라볼 것인가?'에 대한 선택에 따라 확연

---

45. 실제로 이러한 실험을 한 사람으로 이타노 박사가 알려져 있다. 그는 기인이라고 알려진 티베트 고승들에게서 다음과 같은 실험을 실시했다고 한다. 그는 티베트 승려들에게 얼음물을 끼얹은 담요를 덮어버리고 관찰해 보니, 빠른 시간에 증발해 말라 버린 현상을 보게 되었다. 소위 말하는 '투모 현상'이라는 것이다. 인간의 내재된 능력을 통해서, 이러한 기인 수준의 사람들이 행하는 것의 본질은 바라봄이다. 그들은 뜨거움을 바라보거나, 차가움을 바라보는 것이다. 이러한 상념의 힘으로 다른 물리적인 현상들을 바꾸는 것이라고 한다. 이밖에도 여러 학자들 사이에서 비슷한 연구 사례들이 존재하고 있다.

한 차이가 발생한다. 이 해석에 오류가 발생하면 인간은 비참함과 가난함과 고통에서 벗어날 길이 없다. 이유는 하나님으로부터 벗어났기 때문이다.

그러므로 우리는 항상 하나님을 바라보아야 한다. 그분을 통해서 나의 삶을 바라보며, 상황을 바라보며, 타인들을 바라보는 것이다. 이렇게 바라볼 때, 우리의 삶은 행복과 승리, 영광 속에서 살아가게 될 것이다.

15장 소망을 디자인하라

나의 소망은 무엇인가?

나의 소망은 무엇인지 내면의 나에게 질문하여 보라! 이것은 좀 더 다른 표현으로 물어볼 수 있다. 나는 과연 '열망하는 것이 있는가?'라고 말이다. 당신이 열망하는 것이 무엇인지 모르지만 그것을 생각하면 가슴이 벅차고, 즐겁고, 정말 눈물이 날 정도로 강하게 붙잡고 싶은 것이 있는가? 있다면 그것이 바로 소망이다.

당신에게 정말 소망은 존재하는가?

다윗의 고백을 들어 보자.

"나는 항상 소망을 품고 주를 더욱더욱 찬송하리이다"

(시편 71:14)

먼저 여기서 주목해서 볼 것은 **'항상'**이라는 부사이다. '언제나, 한결같이'라는 말인데 소망이라는 것을 더욱 분명하게 보이기 위해서 사용한 것이다.

그렇다면 다윗에게 있어서 '**소망**'은 무엇이었을까?

다윗에게 직접 듣는다면 좋겠지만, 우리는 성경을 통해서 알 수밖에 없다. 성경을 통해서 보면 그의 소망은 크게 두 가지로 생각해 볼 수 있다.

누구나 고난에서 구원받고 싶다

다윗의 첫 번째 소망은 71편 20절[46]에서 알 수 있듯이 '**고난에서의 구원**'이다. 우리가 잘 아는 것처럼 다윗에게 고난의 원점은 다름 아닌 장인인 사울왕이었다. 사울은 질투와 영적인 병으로 인해 다윗을 죽이려고 했다. 장인으로부터의 도망자의 삶이 그에게 있어서 고난이었다. 매일매일의 삶이 죽음의 길을 걷는 것과 같았을 것이다.

시편 23편을 보면 다윗은 4절에 이렇게까지 고백한다. "내가 사망의 음침한 골짜기로 다닐지라도 해를 두려워하지 않을 것은 주께서 나와 함께 하심이라 주의 지팡이와 막대기가 나를 안위하시나이다"

매일의 삶이 사망의 골짜기를 거니는 것 같은데 그에게 소망은 일시적인 것이 아니라 항상 가져야 하는 것이었다. '오늘은 보아하니 죽을 것 같지 않다! 그러니까 소망을 갖지 말아야지!'라고 했겠는가? 아니다. 사울의 칼은 시간과 장소에 관계없이 언제라도 그를 찾아올 수 있는 상황이었다.

---

46. "우리에게 여러 가지 심한 고난을 보이신 주께서 우리를 다시 살리시며 땅 깊은 곳에서 다시 이끌어 올리시리이다"(시편71:20)

그러므로 다윗에게 고난으로부터의 구원은 항상, 언제나 필요했다. 그래서 그의 소망은 그에게서 떠나지 않았던 것이다.

누구나 존귀한 존재이고 싶다

두 번째 소망은 시편 71편 21절[47]에서 알 수 있다. **'높아지는 것, 곧 존귀해지는 것'**이었다. 다윗은 골리앗을 죽인 공로로 어린 나이에 지금으로 말하면 대령급의 높은 위치에 올랐다. 그렇지만 그를 죽이려는 사울 왕으로 인해 그는 죽음을 기다리는 노예와 같은 신세가 된 것이었다. 노예에게는 언제나 죽음의 그림자가 따라다닌다. 그 죽음은 영과 육의 죽음이며, 나의 뜻과 선택이 아닌 주인의 뜻과 선택에 의해서 행해진다. 노예의 신분을 벗어나는 것이야말로 높아지는 것이며, 존귀해지는 것이다.

그에게 이 소망은 항상 품어야 하는 것이었다. 다윗에게 두 가지의 소망은 서로 밀접하게 관련되어 있었다. 죽음에서 구원받아야 높아지고 비참한 삶에서 영광된 삶을 살 것이 아니겠는가!

과연 소망은 이루어지는가?

답은 너무나 당연하다. '소망은 반드시 이루어진다'이다. 실제로 다윗의 두 가지 소망은 다 이루어졌다. 그는 사울에 의해서 죽지 않았고

---

47. "나를 더욱 창대하게 하시고 돌이키사 나를 위로하소서"(시편71:21)

사울왕과 그의 아들들이 블레셋과의 전쟁에서 죽음으로써 이스라엘의 두 번째 왕이 되었다. 주를 더욱더욱 찬송하며, 자신의 소망을 항상 품은 다윗은 결국 소망을 이루었다.

다시 한번 우리의 내면에 질문해 본다.
"나의 소망은 무엇인가?"
대부분의 사람은 '나는 소망이 있다!'라고 생각하지만, 실제로는 소망이 없다. 왜냐하면 그 소망에 대한 열망이 없기 때문이다. 그러면 소망을 이루기 위한 최선의 방법을 나누어 보자. 그것은 **'소망을 디자인 하라'**이다.

'디자인해야 하는 것'은 바로 우리의 소망이다. 소망을 디자인하기 위해서 우리에게는 무엇보다도 소망 그 자체에 대한 정확한 인식이자 확정이 있어야 한다. 이것은 여러분의 야망을 이야기하는 것이 아니다. 단순한 욕구 및 욕망을 말하는 것도 아니다. 내면의 강한 열망, 강한 사랑이라는 것이다. 사랑이라는 것은 추상적인 개념이지만 사랑은 꼭 남녀 간이나 인간관계에만 국한되지 않는다. 사랑은 소망을 이루기 위한 최고의 방법이자 도구이다.

사랑에 대한 많은 예찬론 및 가르침, 말씀 등이 있지만, 그중 단연 명확하게 사랑에 대하여 권고하는 말씀은 고린도전서 13장 13절이다.

"그런즉 믿음, 소망, 사랑, 이 세 가지는 항상 있을 것인데 그 중의 제일은 사랑이라"

(고린도전서13:13)

무엇에 대한 사랑이 없다면 소망은 공허함 그 자체에 불과하다. 반드시 그 소망에 대한 강한 사랑이 있어야 비로소 소망이라고 할 수 있기 때문이다. 한편 소망이라는 것은 사랑이 받쳐 줘야 하는 것처럼 사랑도 그 사랑을 받쳐 주는 것이 감정, 느낌(Feeling)이라고 하는 것이다. 사랑이라는 것이 그 안에 애틋함, 따뜻함, 친밀함, 겸손함, 부드러움, 사랑스러움과 같은 감정, 느낌이 동반되지 않는다면, 역시나 그 사랑도 공허함 그 자체에 불과할 것이다.

'나는 너를 사랑한다!'라고 말하면서 험악한 말을 함부로 하거나, 자기의 의지대로 상대방을 통제하려 한다면 그것이 사랑이라고 할 수 있을까?

상대방은 결코 사랑을 느끼지 못할 것이다. 반면에 상대방으로부터 부드러운 말을 듣고 나를 이해해 주며, 내가 원하는 것을 해 주고 나를 존중하는 태도와 말을 듣는다면, 그는 '내가 사랑받고 있구나!'라는 느낌을 받을 것이다. 그래서 사랑은 이처럼 감정이 동반되어야 한다.

소망을 확정하라

지금까지 나눈 것으로 생각해 본다면, 우리가 가질 수 있는 소망은 그 내면에 소망에 대한 강한 사랑이 있어야 한다는 것이다. 이것을 다르게 표현해 본다면, **'소망을 확정하라'**고 말할 수 있다.

무엇을 하든 목적의식이 있어야 함을 독자들은 잘 알고 있으리라 생각한다. 우리가 소망을 확정시킨다는 것도 소망에 대한 사랑, 곧 강력한 목적의식이 그 안에 있다는 것을 의미한다.

'내가 무엇을 원하고 있는지?', '내가 정말 기쁘고 행복한 것은 무엇인지?'를 아는 것은 매우 중요하다. 소망을 확정하는 것은 어린아이에게 '너 커서 뭐가 되고 싶니?'라는 질문에 거침없이 직업들을 말하는 것과는 다른 차원이다.

차이는 무엇일까? 아이들은 그가 되고 싶다고 말하는 대통령, 장군, 연예인, 경찰 등과 같은 꿈에 대해 강한 사랑이나 목적의식을 갖지는 않기 때문이다.

강한 사랑으로 형성된 소망이라는 것은 순간적으로 생겨날 수도 있겠지만, 대부분은 삶 속에서 겪는 다양한 시행착오, 갈등, 결핍과 같은 것들, 한편 즐거웠던 시간, 행복한 경험들 속에서 조금씩 내면에 자리 잡게 된다.

소망에 대한 분별이 필요하다

분별은 두 가지 측면에서 생각해 볼 수 있다. 첫 번째는 '이 소망이 유용(Use)한가?'이다. 영적인 측면에서 아무리 강조해도 지나치지 않는 것 중 하나가 '이기적인 마음을 버리는 것'이다.

모든 갈등의 원인이 바로 이기적인 마음에서 비롯되기 때문이다. 소망의 목적에 오직 '나 자신, 나를 향한 사랑'만 있다면 그것은 이미 소망이라고 할 수 없다. 단순히 욕구, 욕망이라고 표현하는 것이 맞을 것이다.

두 번째는 '소망이 사랑으로 가득 찬 열망의 상태인가?'이다. '열망'이라는 영어 단어는 주로 'Desire'를 사용한다. 열망은 이기적인 마음을 벗어난 이타적이고 초월적인 소망을 의미한다.

예를 하나 들어 본다.

우리는 '알베르트 슈바이처(Albert Schweitzer) 박사'[48]를 잘 알고 있다. 그는 다양한 직업을 가졌다. 그는 신학을 공부한 목사였으며, 칸트 및 사상들을 연구한 철학자이기도 했다. 원자 폭탄 실험에 매우 적극적으로 반대 운동을 했으며, 1952년 노벨 평화상을 받은 분이기도 하다. 그는 음악에도 조예가 깊어서 파이프 오르간 연주가로도 활동했었다.

어느 날 그는 프랑스 선교단의 보고서를 읽게 되었다. 아프리카 흑인들이 의사 및 의약품이 부족해서 고통받고 죽어 간다는 것이었다. 그에게 이 보고서는 하나님으로부터 온 편지와 같았다. 이미 신학 및 철학 박사 학위가 있음에도 불구하고 그는 다시 모교에서 의학을 공부하게 된다. 그렇게 의사가 된 슈바이처는 아프리카로 떠났다. 이분을 다시금 의학을 공부하도록 이끈 것은 그의 내면에 있는 긍휼과 사랑이

---

[48]. 슈바이처(1875~1965)는 아프리카 가봉에서 원주민을 위해 의료 봉사 활동을 벌여 노벨 평화상을 수상하였으며 '아프리카 밀림의 성자'로 불린다. 그는 철학자, 음악가, 의사로 활동하며, 아프리카 원주민의 의료와 전도에 힘썼다. 1928년 괴테상, 1952년 노벨 평화상을 수상하기도 했다.(참고: 네이버 지식백과)

'의사로서의 소망'을 가지도록 이끌었던 것이다. 이 소망은 소명으로 발전되었고 아프리카에서 죽기까지 이 소명을 완수했다.

슈바이처 박사의 경우처럼 소망은 본성적인 느낌, 이기적인 욕구, 습관적인 행위를 위한 것이 아니다. 소망은 반드시 그 안에 사랑이 샘솟아야 하며, 그 사랑은 이타적이며 고귀하고 무엇보다 하나님 안에서 거룩함을 갖추어야 한다. 결국 소망은 내가 만드는 것이 아니라 하나님께서 주신다는 결론에 도달하게 된다.

시편 기자는 이 영적인 진리를 알고 있었던 것이다.

"나의 영혼이 잠잠히 하나님만 바람이여 나의 구원이 그에게서 나오는도다"
(시편62:1)

우리는 이러한 속성들이 갖추어질 때 비로소 내가 가진 소망이 재물이나, 건강, 권력, 직업, 무엇이 되었건, 소망이 확정된 것이라고 할 수 있다.

믿음으로 열매를 맺어라

두 번째 소망이 확정된 후, 이 소망이 이루어지도록 하는 것이 바로 **'믿음'**이라는 영역이다. 다윗의 고백을 다시금 들어 보자!

"내가 측량할 수 없는 주의 공의와 구원을 내 입으로 종일 전하리이다 내가 주 여호와의 능하신 행적을 가지고 오겠사오며 주의 공의만 전하겠나이다"

(시편71:15~16)

'측량할 수 없는 주의 공의와 구원'을 자기의 입으로 종일 전하겠다는 것은 다윗의 신앙 고백이며 무엇보다도 그의 믿음을 보여 주는 것이다. 정의와 공의는 비슷한 의미가 있지만, 하나님의 공의가 세상을 향해 비출 때 비로소 정의가 이 땅에 세워진다고 말할 수 있다. 그러므로 하나님의 공의는 세상에서 말하는 사랑, 분별, 지혜 및 선함의 원천이며 공급원과 같다.

사실 구원이라는 것은 천국에 들어가는 것으로만 생각하기 쉬운데 구원은 하나님께서 창조하신 상태, 즉 완전하고 온전한 상태로 돌아가는 것을 의미한다.

그러한 의미에서 성경은 하나님의 공의와 구원을 보여 주는 주님의 자서전이자 훈련서라고 할 수 있다. 다윗은 이러한 **'주님의 공의와 구원'**을 종일 전하겠다는 것이다. 이것이 소망을 이루고 성취하는 열쇠인 **'믿음, Faith'**이다.

믿음이라는 것은 소망이 현실이 되도록 하는 영적인 명령이며 선포 그 자체라고 할 수 있다. 소망은 미래 시점으로 생각되므로 이 소망이 현실로 이루어졌다는 것을 받아들이는 것은 결코 쉽지 않다. 그러므로 믿음 안에서 소망은 항상 현재다. 그러므로 소망과 믿음은 구분되지 않는다.

쇼펜하우어는 "사람들은 자신의 한계를 세상의 한계로 받아들인다."라고 말하면서, 자신의 능력을 믿고 의지의 한계선을 만들지 말라고 권고했다. 비록 그는 무신론자이지만 믿음이 없는 인간의 내면에 대해 잘 표현한 것이다. 그의 말을 역으로 생각해 보면 세상의 한계를 자신의 한계로 받아들이는 것이 바로 믿음이 없는 것이며, 나아가 소망이 없다는 증거라고 할 수 있다. 그러나 믿음은 나를 보는 것이 아니고 하나님을 바라보는 것이다. 그리고 믿음은 세상을 바라보는 것이 아니라 보이지 않는 세상을 바라보는 것이다.

그렇다면, 우리의 소망을 확정하고 믿음으로 그것을 취하는 최선의 방법은 무엇일까?

그 해답은 바로 **'이미 이루어졌다고 믿는 것'**이다.

"그러므로 내가 너희에게 말하노니 무엇이든지 기도하고 구하는 것은 받은 줄로 믿으라 그리하면 너희에게 그대로 되리라"

(마가복음11:24)

이미 받았다고 믿는 것, 이것 역시 감정이며 느낌에서 비롯된다. 다시 말해 강한 사랑이라고 말할 수 있다.

구한 것, 곧 나의 소망이 이미 이루어진 것처럼 내면에서 느끼는 것이다. 마음속으로 소망이 이루어진 상황들을 상상하는 것이다. 그러한 모습을 내적으로 그림을 그리는 것, 영화처럼 실제로 마음으로 보는 것을 의미한다. 그렇다면 이러한 것들을 한두 번 정도 하면 되는 것일까? 아니다. 다윗의 고백인 '하루 종일'이라는 것은 지속적으로 한다는 것을 말한다. 물론 24시간 생각만 하라는 것은 아니다.

그러나 시간이 되는 대로, 짧은 시간이라도 수시로, 자신의 소망에 대해, 자신의 기도 제목에 대해 이루어진 상태와 느낌으로 나를 채우는 것이다. 이것은 또 다른 차원의 미래가 현실이 되었다는 것을 의미하는 믿음의 행위라고 말할 수 있다.

이제 남은 것은 소망이 현실로 나타나는 시간을 기다리는 것이며, 인내하는 것이다. 다윗을 생각해 보라! 도망자의 삶을 살아가는 그는 원수의 나라인 블레셋까지 가서 자신의 몸을 의탁해야 했다. 그러나 인내의 시간 후 그는 이스라엘의 왕이 되었으며, 모든 사람들이 우러러 보는 영화로운 삶을 살게 되었다.

우리는 소망을 가져야 한다. 소망이 없다면 그는 육체만 살아 있지, 영적으로는 죽은 사람과 같다. 소망은 하나님으로부터 나오고 하나님께서 이루시기 때문이다.

잊지 말라! 하나님의 사람들의 삶은 언제나 해피 엔딩이며, 반드시 소망이 이루어지는 승리를 경험하게 될 것이다.

16장 집중하라, 초점을 맞추라

오래전 어렴풋이 생각나는 것이 하나 있다. 설교나 세미나 시간이었던 것으로 기억한다. 어느 목회자의 고백이었다. 그가 해외에서 집회를 인도하고 있는 기간에 갑자기 부친이 세상을 떠났다는 소식을 듣게 된다. 그러나 자기가 없으면 안 될 만큼 중요한 집회였기에 그대로 진행하게 되었다는 내용이다. 그에게는 힘든 결정이었을 것이다. 그분이 그러한 결정을 할 수 있었던 명분은 과연 무엇이었을까?

아버지 장례를 허락지 않은 예수 그리스도

지금 이 시간에도 어느 곳에서는 이러한 믿음과 명분으로 개인적인 급한 일이나 중요한 일을 포기하거나 희생하는 사람들이 있을 것이라는 생각이 든다. 그들이 그러한 결정을 하게 한 것은 마태복음 8장에서 말씀하고 있는 "예수께서 이르시되 죽은 자들이 그들의 죽은 자들을 장사하게 하고 너는 나를 따르라!"라는 권고이자 명령 때문일 것이다. 우리는 다음과 같은 생각을 하게 된다. '그분을 따른다는 것이 얼마나 중요하기에 아버지의 장례를 치러야 하는 아들의 권리이자 의무까지 포기해야 하는가?'이다. 그것도 많은 시간이 걸리는 것이 아닌데 말이다.

유대인들의 장례법은 매우 단순하고 신속하게 이루어진다. 그들은 사람이 사망하면 사망일로부터 24시간 이내로 장사를 지내야 한다. 늦은 시간에 사망했다면 다음 날 오전, 늦어도 오후에는 장사를 지낸다. 이러한 명분은 '사람은 흙으로 왔으므로 흙으로 빨리 돌아가야 한다'라는 것이며, 그것이 고인에 대한 예우이며 율법이었기 때문이다. 영혼은 이미 하나님께로 떠났는데 시신을 산자의 땅에 오래 머물게 하는 것은 고인에 대한 모독이고 유족에게는 부끄러움이라고 믿었다.

한편 그리스도의 말씀은 개혁 교회의 목회자들뿐만 아니라 구교의 사제들에게서도 그들의 사역에 대한 이정표, 마음가짐에 대한 부분으로 다뤄지는 말씀이기도 하다. 물론 말씀을 받아들여야 하는 수신자는 남녀노소를 가릴 수 없는 모든 사람이긴 하지만 말이다.

예수께서 말씀하신 **"너는 나를 따르라"**를 우리가 어떻게 이해해야 할까? 영적인 진리인 '그리스도를 따르라'는 이 명령이자 명제는 참이다. 그리스도께서 사역을 하실 당시에는 눈에 보이는 예수를 따른다는 것은 실제적인 삶 그 자체였다. 적어도 그분의 제자들에게는 말이다. 그러나 현 시간대는 그렇지 않다. 육적인 측면에서 일단 그리스도는 눈에 보이지 않는다. 그분의 음성이 귀에 들리지 않으며, 눈에 보이는 것은 성경에 있는 그분이 하신 말씀 외에는 없다. 귀에 들리는 것은 목회자의 설교뿐이다.

이와 같은 이유로 그리스도를 따른다는 것은 생각에 따라서는 매우 추상적으로 다가온다. 물론 말씀에 순종하는 삶을 산다는 것으로 생각하지만 그마저도 우리에겐 녹록지 않다.

이러한 현실 속에서 명확히 그분을 따른다는 것을 깨닫게 하는 부분이 바로 **"죽은 자들이 그들의 죽은 자들을 장사하게 하고 너는 나를 따르라"**(마태복음8:22)이다.

그렇다면 도대체 '죽은 자들이 그들의 죽은 자들을 장사하게 한다는 것'은 구체적으로 무엇을 의미하는 것일까?

일반적으로 유대인의 장례 문화를 살펴보면 가족묘의 개념이다. 당시에는 시신을 돌무덤같이 공기가 잘 통하는 곳에 안치해 두었다가 1년이 지난 후 뼈들을 유골함에 넣어 두는 것이 일반적인 모습이었다. 그러므로 산 자는 특별히 할 일이 없다는 은유적인 표현이라고 해석할 수 있다. 이러한 측면에서 **"세상 그 어떤 일보다 더 중요한 일이 예수 그리스도를 따르는 것"**이라고 말씀하신 것으로 생각하게 된다. 이 해석이 통상적으로 사용되고 있다. 이 해석은 일차적이고 피상적인 접근이다. 물론 잘못된 것은 아니다. 그럼에도 이러한 해석은 그리스도를 따른다는 막연한 강박 관념에 사로잡히게 할 수 있다. 의무감 아닌 의무감, 짐 아닌 짐으로 다가올 수 있기 때문이다. 그러므로 우리는 좀 더 본질적인 접근으로 생각해 보아야 할 것이다.

'그리스도를 따른다는 것이 무엇인가?', '그리스도를 왜 따라야 하는가?'에 대한 확고한 앎이다.

인간의 죽음

우선 우리는 죽음에 대해 생각해 보아야 한다.

'인간에게 왜 죽음이라는 것이 찾아왔는가?'라는 것부터 인지해야 한다. 우선 질문을 해 본다.

'인류 최초의 사람이라고 하는 아담과 하와가 죽음을 맞이하게 된 이유는 무엇일까?'

누구나 죽음을 경험한다는 것[49]은 기본적인 것이지만 결정적인 이유는 하나님과 언약을 어긴 것으로 기인한다. 그 언약은 무엇이었는가?

그들은 동산에 있는 모든 것은 취할 수 있지만, 선과 악을 알게 하는 열매는 먹을 수 없었다. 이것이 하나님과 인류와의 첫 번째 약속이자 언약이었다. 그러나 이들은 언약을 무시하고 에덴동산에 있는 선악과를 먹었다. 물론 뱀이라고 하는 사탄의 거짓말에 속아서 먹은 것이지만 언약의 파괴에 대한 책임은 피할 수 없었다. 결국 그들은 에덴동산에서 추방되었으며, 그때부터 인간은 삶 속에서 다양한 고통과 투쟁을 감내하며 살아가야 했다. 만약 그들이 에덴에 계속 거주했다면 영생에 가까운 수명을 누렸을지 모르지만, 분명한 것은 인간의 수명은 줄어들었고 모든 인간은 죽음을 맞이했다.

공식적으로 모든 인간은 죽음을 경험해야 하는 불편한 진실 속에서

---

49. 우리는 구약 시대에 살던 사람들은 오랜 세월을 장수했다고 알고 있다. 므두셀라는 969년을 살았으니 말이다. 그러나 영생을 한 사람은 찾아볼 수 없다. 특히나 창세기3:22 말씀"(여호와 하나님이 이르시되 보라 이 사람이 선악을 아는 일에 우리 중 하나 같이 되었으니 그가 그의 손을 들어 생명 나무 열매도 따먹고 영생할까 하노라 하시고)"을 유추해 본다면, 처음부터 인간에게 영생은 허락되지 않았던 것을 알 수 있다.

살아가고 있다. 그들이 선택한 선악과를 먹은 행위는 피상적으로는 과일 하나 따 먹은 것이 되는 것이지만, 엄밀히 말하면 하나님과의 언약을 파기해 버린 것이다. 게다가 이 행위는 결국 생명에서 사망의 길로 들어선 결과로 이어지게 되었다는 것을 알 수 있다.

생명이 창조주 하나님에게서 나온다는 것을 간과했던 것이다. 어찌 보면 그들은 낙원에서 살면서 죽음이라는 것 자체를 상상하거나 생각할 수 없었던 것이다.

> "오직 각 사람이 시험을 받는 것은 자기 욕심에 끌려 미혹됨이니 욕심이 잉태한즉 죄를 낳고 죄가 장성한즉 사망을 낳느니라"
>
> (야고보서1:14~15)

최초의 인간인 아담과 하와가 하나님처럼 될 수 있다는 사탄의 거짓말에 속은 이유는 다름 아닌 그들의 욕심 때문이었다. 그들의 욕심은 결국 신과의 언약을 파기한 죄를 낳았으며, 에덴에서 추방되고 죽게 된 것이다. 그러므로 '죽음의 원인은 무엇인가?'라는 질문에 우리는 의심의 여지없이 대답할 수 있다. 바로 '죄(Sin)'라는 것이다. 흔히 '죄'라는 것에 대해 성문화된 율법에 어긋난 것으로만 생각한다. 물론 계명을 어긴 것은 죄가 맞다.

죄에 대한 이해

'그렇다면 율법은 선한 것인가?'

십계명에 명시된 계명들은 선한 것이다. 예로써 제6계명인 '살인하지 말라는 것'은 당연히 선한 것이 아니겠는가. 만일 살인을 한다면 그 행위가 악하다는 것이며, 곧 살인죄가 되는 것이다.

계속해서 '살인을 하지 말아야 하는 이유'는 무엇이겠는가?

그것은 타인의 생명을 함부로 내가 빼앗을 수 없다는 것이다. 나에게는 그러한 권리가 없다. 만일 그렇게 한다면 그 행위는 죄악이 되는 것이다. 모든 죄악들은 생명을 파괴하는 것으로 시작한다. 남에게 폭행을 가하는 것이나, 남의 몫을 도둑질하는 것이나, 거짓 증언을 하는 것이나, 이러한 타인의 재산이나 명예를 빼앗는 행위도 같은 측면에서 이해할 수 있다. 인간의 삶과 관련되어 있기 때문이다. 인간의 삶은 곧 생명과도 같은 것이다.

그러므로 '죄'라는 것은 '생명의 목적에 부합하지 않은 상념', '감정의 열매'라고 할 수 있다.

자살도 마찬가지다. 자살 역시 그의 삶에 대한 생각과 감정의 열매로 나온 것이다. 고통 속에서, 억울함 속에서, 두려움 속에서 도피하고 싶은 상념의 최대치를 겪다 보니 결국 자살이라는 행위가 나오게 되는 것이다.

그러므로 모든 죄는 생명에서 벗어난 생각과 감정의 결과물이라고 할 수 있다. 또한 생명의 목적에서 벗어난 모든 생각과 감정은 죄를 잉태하게 된다. 그 자체로써 인간의 육체에 영향을 미치게 된다.

두려움, 긴장, 걱정 근심 하는 상황을 생각해 보자. 이러한 내면의 상태는 몸의 변화를 만들어 낸다. 심장의 박동 수가 빨라지고 배가 굳고 위장에 탈이 온다. 이러한 상황이 장기화되면, 온갖 염증으로 시달리게 된다. 병원 진료를 받다 보면 한두 번씩 듣는 소리가 있다. '요즘 스트레스가 많으세요?'라는 말이다.

실제로 의학 및 정신학 분야에서 인간의 생각이 몸에 미치는 영향에 대해 다양한 연구가 이루어지고 있는데 생각과 몸의 변화는 비례하다고 한다. 결국 스트레스는 몸을 죽이는 원인이 되는 것이다.

그렇다면 스트레스는 무엇이겠는가? 그것은 생명의 목적에 반대되는 상념이고 감정이다. 과도한 걱정 근심, 과로와 같은 극단적인 스트레스에 내몰리게 되면 예기치 않게 심장이나 혈관 등에 이상 증세가 생기고 나아가 각종 암으로 발전하게 된다. 암이라는 병 역시 비정상적인 세포로 인한 것으로 알려져 있지 않은가.

이처럼 인간은 자신의 생각과 감정으로 인해 행복과 불안의 경계를 넘나들고 있다. 그 경계를 아는 사람은 생명을 이해하고 생명의 목적을 아는 사람이다.

솔로몬은 매우 단호한 어조로 표현하고 있다.

"모든 지킬 만한 것 중에 더욱 네 마음을 지키라 생명의 근원이 이에서 남이니라"

(잠언4:23)

생명은 무엇인가?

'생명'에 대해 생각해 보자. 이미 언급했지만, 생명은 곧 하나님으로부터 온 것이다. 그분이 창조하셨기 때문이다. 그러므로 인간은 생명의 근원인 하나님께 다가가야 한다. 그분께 나아간다는 것은 그분의 진리 안에 거한다는 것을 의미한다. 예로써 '인간의 삶이 자신이 생각한 대로 된다는 것'은 하나님의 창조 원리이고 진리이다. 게다가 생각하는 것은 제한적이지 않다는 원리 곧 그 앎 자체가 바로 '자유함'이라는 것, 이러한 것들이 진리가 아니겠는가! 이러한 진리를 알고, 믿고, 적용하는 것이 생명과 가깝게 살아가는 것이라고 할 수 있다.

삶 속에서 실패를 많이 했거나, 의심이 많고 자신감이 부족한 사람들은 '나는 안 돼!'라는 생각을 하게 된다. 그러나 이러한 상념이자 내적 관념은 생명에서 멀어졌다는 내적 증거가 된다. 부정적인 생각은 인간의 마음을 우울하게 하고 슬픈 감정을 만들어 낸다. 이러한 상념과 감정이 반복되는 사람은 아무것도 이룰 수 없다. 생명은 '긍정적이며 모든 것이 가능하다는 것'을 알고 체험하는 것과 같다. 그러므로 우리는 생명이 무엇인지, 그 명분이 무엇인지, 그 중요성이 무엇인지를 알아야 한다.
'그렇다면 우리는 어떻게 해야 할까?' 그 생명에 집중해야 한다. 숨어 있는 영적인 본질은 바로 '집중하는 것, 초점을 맞춘다는 것'이다. 집중해야 할 것은 생명이고 그 생명이 바로 예수 그리스도이다.

생명의 목적

인간은 내 안의 하나님께 초점을 맞추지 않으면 생명을 알 수 없으며, 생명의 목적 또한 알 수 없다. 생명의 목적은 자유함이고 영원함이며, 무한한 가능성이다. 그러므로 우리는 위대한 영적인 원리이자 창조 원리이며, 법칙인 생명의 목적에 초점을 맞추어야 한다.

인간의 삶은 자신이 집중하는 곳에, 대상에, 주제에, 영적 에너지가 발산되고 흘러간다.

우리가 삶 속에서 구원을 얻는 것이나 소망을 이루기 위해서는 하나님의 진리, 곧 그분의 말씀에 집중해야 한다. 초점을 맞추어야 한다는 것이다. 내가 사랑하는 곳에 집중하면 그 사랑하는 것이 나에게 찾아오게 되는 이치와 같다.

만일 내가 미움에 집중하면 나에게 미움이 찾아오게 된다. 그러므로 우리가 집중하는 것, 초점을 맞추어야 하는 것은 그리스도 한 분뿐이다. 그분이 곧 길이요 진리요 생명이기 때문이다.[50]

계속해서 "죽은 자들이 그들의 죽은 자들을 장사하게 하고 너는 나를 따르라"라는 말씀에 대해 생각해 보자.

질문을 하나 하려고 한다.

'당신은 시간이 정말 흐른다고 생각하는가?'

아인슈타인이나 현대 물리학의 발전이 있기 전까지는 실제 시간의 흐름은 과학적이라고 생각했다. 의심의 여지없이 시간은 흐른다고 믿었다. 당연한 것이다. 그러나 지금은 물리학의 세계에서도 우주 전체적인 측면에서 보면 시간의 흐름이 실제 없다는 것을 발견하게 되었

---

50. "예수께서 이르시되 내가 곧 길이요 진리요 생명이니 나로 말미암지 않고는 아버지께로 올 자가 없느니라"(요한복음14:6)

다. 결국 시간은 인간이 만들어 낸 인위적인 관념에 불과한 것이라는 사실이다.

영적으로 말한다면 시간은 흐르지 않는다. 어제나 오늘이나 우주적인 측면에서 보면 동일하기 때문이다. 이러한 측면의 말씀이 "사랑하는 자들아 주께는 하루가 천 년 같고 천 년이 하루 같다는 이 한 가지를 잊지 말라(베드로후서3:8)"이다.

인간의 상념과 감정이 시간을 다르게 해석하고 시간의 흐름이 있다는 믿음은 인류의 고정 관념에 불과하다. 사람들은 '노화'라는 것 역시 당연한 시간의 흐름에 대한 결과물이라고 생각한다. 그러나 생명공학이나 의학계에서도 새롭게 해석하고 있다. 인간 스스로 만들어 낸 상념과 감정으로 늙게 된 것이라고 말이다. 창조된 우주의 모든 생명은 무한하다. 무한하다는 것은 시간의 흐름이 없다는 것을 의미하는 것이다. 그럼에도 인간은 생명과 생명의 목적에 무지하기에 과거에 집중하고 미래에 집착하며 살아간다. 그러나 인간에게 있는 것은 오직 현재뿐이다. 현재만이 인간에게 있는 시간이며, 생명 그 자체라고 할 수 있다.

그리스도께서 말씀하신 "죽은 자들이 그들의 죽은 자들을 장사하도록 하라"라는 것은 죽은 자들이 존재하는 공간 및 그들의 현재 곧 그 시간은 살아 있는 사람과 다르다는 것을 의미한다. 다시 말해 죽은 자가 있는 현재와 산자가 있는 현재는 다른 것이다.

좀 더 풀어서 말해 본다면 "너는 살아 있는 사람이므로 현재를 살아라!"이다. 죽은 자들의 시간이 산 자들에게는 과거일 뿐이고 죽은 자들 역시 그들의 현재를 살아갈 것이다. 우리는 그리스도의 말씀을 통해 살아 있는 사람이든 죽은 사람이든 모든 존재는 현재를 살아간다는 큰 깨달음을 얻게 된다.

현재를 살아가라, 현존하라

예로써 생각해 보자! 인간은 언제 즐겁고 행복하며 언제 기쁠까? 과거인가? 현재인가? 미래인가? 언제나 현재에서만 즐거울 수 있고 행복하며 기쁠 수 있다. 이미 지나간 과거는 나를 기쁘게 할 수 없다. 아직 오지 않은 미래 역시 나를 기쁘게 할 수 없는 것이다.

오직 이 시간, 이 순간, 현재 외에는 없다. 기도 제목이 이루어졌다고 믿는 것이 바로 이러한 차원이다. 이미 이루어졌다고 믿는 믿음, 곧 상념은 이루어졌다는 감정을 만들어 내면서 더욱 큰 믿음이 생겨나는 것이다. 그리고 기도의 열매는 비록 아직 눈에 보이지 않지만, 현재에 있다고 믿는 것을 말한다. 이것이 바로 예수 그리스도 말씀의 본질이다.

'그리스도를 따른다는 것'은 생명의 길을 걷는다는 것이다. 생명의 목적에 부합하지 않는 모든 상념과 감정은 죄를 유발하고 결국 그 죄로 인해 죽음을 맞이하게 될 뿐이다. 우리는 생명력을 제거하는 상념과 그로부터 나오는 감정을 소멸시켜야 한다. 그러므로 생명 그 자체이신 예수 그리스도께 집중하고 하나님의 말씀에 초점을 맞추어야 한다. 그러한 사람은 현재를 살아가는 것이며, 살아갈 수 있다.

  지금 이 시간 삶의 방향 및 소망은 생명을 향해, 생명의 목적을 위해 살아가는 우리 모두가 되기를 소망해 본다.

17장 화평함과 거룩함을 따르라

"모든 사람과 더불어 화평함과 거룩함을 따르라 이것이 없이는 아무도 주를 보지 못하리라"

(히브리서12:14)

당신은 '사람들과 더불어 산다는 것'이 어떤 의미라고 생각하는가? '더불어'의 헬라어 원어는 '메타(Meta)'로 '~과 함께'를 의미한다. 즉 '사람들과 함께 화평함과 거룩함을 따르라는 것'이다.

우리는 여기서 한 가지 간과해서는 안 될 것이 있다. 화평함과 거룩함은 나 자신에게도 해당된다는 사실이다. 때로는 나 자신이 실망스럽고, 밉고, 용서가 안 될 때가 있다. 이것은 불만족에 해당하거나, 실패 및 역경 속에서 자신의 나약함을 발견할 때 일어나는 내적인 고통이며 갈등이다.

사실 인간은 자기 자신과도 화평함과 거룩함을 이루기가 쉽지 않다. 그런데 '나도 힘든데, 남까지 신경을 써야 하는가?'라는 내면의 소리가 높아질 수 있다. 그러나 우리는 내면의 소리를 잠재우고 말씀 속의 단어 의미에 대해 마음을 열고 생각해 보아야 한다.

우리는 '함께'라고 해석한 헬라어 '메타(Meta)'를 이해해야 한다. 메타라는 말은 분리되어 있는 것 같지만 일치하고 있는 것이라는 개념이 내포되어 있어 초월적인 개념으로 많이 사용되고 있다. 복음은 세상을 초월하는 것은 맞다. 그럼에도 불구하고 복음은 세상에서 이루어지고 있으며, 세상에서 필요로 하는 소식이다. 비록 성도가 세속을 떠나고 하나님만을 바라보며, 천국을 소망하는 삶을 살아간다고 해도 말이다. 역시나 그의 삶은 세상에서 이루어지는 것이기도 하다. 분리되어 있는 것 같지만, 일치하고 일치하는 것 같지만 분리되어 있는 것이 초월(超越)이라고 할 수 있다.

그러므로 메타는 모든 것이 연결된다는 것이며, 제한이 없다는 의미를 내포하고 있다. 이러한 배경에서 이해해 볼 때, 인간은 함께하는 사람들 사이에서 화평함을 이루고 거룩함을 이루어야 한다는 것이다. 비록 세상은 혼자 살아가는 것 같지만 함께 살아가는 것이고 함께 살아가는 것 같지만 결국 홀로 살아간다는 것과 같은 이치라고 할 수 있다.

화평하게 하는 자는 복이 있다

이제 우리는 화평함과 거룩함을 이룬다는 것에 대해 좀 더 깊게 생각해 보려고 한다. 그 내면에는 분별이 필요하다. 우선 마태복음 5장 9절에는 팔복 중 7번째인 **"화평하게 하는 자는 복이 있나니 그들이 하나님의 아들이라 일컬음을 받을 것임이요"**라는 말씀이 있다. 화평하게 하는 것은 하나님의 아들이 되는 조건이라는 것이다. 8가지의 복 중 하나님의 아들이 되는 것은 **'화평하게 하는 자'**가 받는 영광이다.

그렇다면 '화평하게 한다는 것'은 구체적으로 무엇일까?

화평하기 위한 전제 조건은 누군가와 함께한다는 것이 내포되어 있지만, 우선 나 자신에게도 적용된다. 나 자신이 두려움과 미움, 원망 속에 살아간다면 그것은 나 자신과 화평을 이루고 있지 않다는 것이다. 다시 말해 내 안에 계신 하나님과 화평을 이루지 못하고 있다고 말할 수 있다. 하나님과 화평을 이룬 사람은 평강과 기쁨 속에서 살아가기 때문이다. 그러나 우리는 반문한다. "세상 살아가는 것이 뭐 그리 기쁘고 행복합니까?", "나 자신에 대해서도 하루에도 몇 번씩 화가 나고 우울한 마음이 드는 것을 어떻게 하겠습니까?"라고 말이다. 이와 같은 이유로 우리에겐 초월적인 바라봄이 필요하다. 우리가 보는 것이 전부가 아니기 때문이다. 우리가 하나님과 하나가 된다는 것은 나 자신부터 이해하고 용서하고 사랑한다는 것이 내포되어 있다. 회개한다는 것은 결국 하나님과 화평을 이루는 것이고 나에게 평강을 주는 행위인 것이다. 나를 사랑하지 않는 사람은 타인을 사랑할 수 없다. 이것은 이기주의와는 다른 차원이다. 본질적으로 이기주의자들은 자신을 사랑하지 않는 사람이고 사랑할 수 없는 사람이며, 사랑할 줄 모르는 사람이다.

예로써 구두쇠는 타인뿐 아니라 자신에게도 인색한 사람을 말한다. 나를 사랑하는 사람은 타인을 어떻게 대할지, 어떻게 사랑할지를 아는 사람이다.

그러므로 나 자신과 화평을 맺은 사람은 사람들과의 관계 속에서 평화와 친교, 호의, 친절과 같은 것들을 서로에게 주고받을 수 있다.

한편 인간관계 속에서 **'차별을 하는 행위'**는 어떠할까?

차별은 화평이라는 것을 파괴하는 행위라고 할 수 있다. 물론 '정의'라는 측면에서 볼 때 한 개인이나 집단의 성과 및 능력에 대해 차등을 두는 것은 차별이 아닌 공정한 평가 및 사례에서 비롯된다. 반면 한 인간으로서 받아야 할 존중, 인격적 대우, 개인의 자유에 대한 존중, 긍휼히 여김, 배려 및 지켜야 할 도리는 사람에 따라 차별이 있어서는 안 되는 것이다. 결국 종합적으로 생각해 볼 때, **'화평이란 사랑이라고 말할 수 있으며, 사랑에서 비롯된 열매'**라고 할 수 있다.

화평함은 사랑의 실천

결국 '화평하라'는 하나님의 말씀을 쉽게 표현해 보면 '서로 사랑하라'는 것으로 이해될 수 있다. 여기에서 '서로'라는 말 역시 메타의 의미가 담겨 있다. **분리되어 있는 것이 아닌, 일방적인 것이 아닌, 쌍방이 양방 통행으로, 치우치지 않는 균등함으로, 비례하게**'라는 것이 심어져 있다. 이것이 부족하다면, 화평함이 없는 것과 같은 것이다.

예를 들어 본다. A, B 두 사람이 있다고 하자. A는 말과 행동을 하는 데 있어 B를 중심으로 신뢰와 용서, 배려, 긍휼을 보낸다. 반대로 B는 말과 행동을 하는 데 있어 자기중심적으로 상대방에게 신뢰와 용서, 배려, 긍휼을 보낸다. 겉으로 볼 때 두 사람 모두 서로 간에 사랑을 하는 것처럼 보이지만 실상은 그렇지 않다. 화평함이라는 것은 사랑을 전제로 한 공평, 평등이라는 영적인 의미가 있어야 한다. 비록 주변 사람들 눈에는 사랑이 오고 가는 것 같겠지만, 실제 사랑은 일방통행으로 이루어지고 있다. 이러한 상태가 **'더불어 화평함이 없다는 것'**이다.

B가 행하는 사랑은 자기중심적이기 때문에, 서로 간에 '행복'이라는 감정이 일어나지 않는다. 서로 간에 행복, 기쁨이 없다면, A는 조금씩 지쳐 갈 것이다. 그리고 B도 지쳐 갈 것이다. 자신이 받아야 할 사랑의 에너지가 약해지기 때문이다. 결국 이 두 사람의 관계는 파괴되고 만다.

　지금의 사회적인 모습은 화평함이 사라지고 있다. 더불어 화평함이 없다는 것은 다음과 같다.

　권위를 가진 사람에게 그 권위를 빼앗는 말과 행동들, 공경의 대상에게 합당한 공경이 이루어지지 않는 말과 행동들, 존경과 높임이 무시되는 관계 속의 말과 행동들을 들 수 있다.

　지금의 시대를 마지막 때, 말세라고 표현하는 이유는 '삶 속에서 화평함이 사라지고 있다는 것'을 말하는 것이라고 할 수 있다.

　인간의 내면을 큰 그림으로 그린다면 '생각과 감정'이라고 할 수 있다. 생각은 한계가 없다. 감정 역시 그 생각에 따라서 카멜레온처럼 변한다. 화평함이 없는 생각은 그러한 말과 행동을 하게 할 것이고 그러한 말과 행동은 불합리함과 불평등의 감정을 유발하게 될 것이다. 인간의 내면이 그러한 상태가 되면 분리를 생각하게 할 것이며, 결국 미움 및 원망이 자리 잡게 된다. 인간관계의 파괴가 일어나게 되는 것이다. 이러한 이유로 **'더불어, 함께, 서로 간에 화평함'**이 있어야 한다는 것은 영적으로 선택이 아닌 필수이다. 이것은 구원의 원리이자 열매이기 때문이다. 분명한 것은 천국이라는 곳에는 화평함을 이루는, 이룬 사람들이 존재한다.

아무도 주를 보지 못하리라

삶 속에서 화평함을 이루고 산다는 것은 다음과 같은 말씀을 행하는 것이다.

"그러므로 무엇이든지 남에게 대접을 받고자 하는 대로 너희도 남을 대접하라 이것이 율법이요 선지자니라"

(마태복음7:12)

이것은 영적인 원리다. 하나님의 말씀에 순종하지 않는 사람은 실제 삶 속에서 아무것도 이룰 수 없다. '아무도 주를 보지 못하리라'는 말씀 때문이다.

하나님께서는 인간의 내면에 계신다. 내 안에 계신 하나님을 본다는 것은 그분과 내가 화평함을 이루고 있다는 것이고 그분과 하나로 연합하는 것이며, 하나님이 나의 삶을 이끌고 계신다는 것이다. 그러나 삶 속에서 화평을 이루지 않는 사람은 하나님과 분리된 채 삶을 살아가는 사람이다. 그분과 분리가 되었다면 아무것도 이룰 수 없다.

세상은 내가 생각하는 모습으로 표현된다. '인간의 생각과 성취에는 한계가 없다는 것'은 전지전능한 존재인 하나님께서 하신다는 것을 말한다. 내 안에 계신 하나님께서 그 어떤 한계나 제한이 없는 자유함으로 이루시기 때문이다. 그러므로 모든 에너지, 힘, 능력은 당신의 내면에서 나오고 있다. 지금도 그렇고 앞으로도 그러할 것이다. 다시 말해 하나님께서 당신의 뜻을 이루신다는 것이다.

이것은 **'영향력'**이라고 표현할 수 있다. 영향력이라는 것은 매우 포괄적인 단어다. 삶 속에서 좋은 열매를 맺는 것, 성취를 이룬다는 것은 나에게서 영향력이 발산된다는 것을 의미한다. 선한 영향력을 내는 사람은 선한 열매를 맺을 것이고 나쁜 영향력을 내는 사람은 나쁜 열매를 맺을 것이다. 이것이 바로 믿음이며, 신념이고 삶의 향기다. 성경에서는 이러한 부분을 '그리스도의 향기'[51]라고 말씀하셨다. 삶 속에서 타인들과 화평함을 이룬다는 것은 서로 간에 그리스도의 향기를 주고받는 것이라고 할 수 있다. 이것은 매우 중요하다. 화평함이 곧 인간의 삶이기 때문이다. 세상 모든 갈등의 원인은 다름 아닌 화평함이 파괴된 현상에서 비롯된 것이다.

소위 말하는 교회에 출석하는 사람들 중 화평함을 파괴하는 사람은 자신에게서 그리스도의 향기가 나지 않는 사람이라고 할 수 있다. 그러한 사람은 자신으로부터 아무런 영향력이 나오지 않는다. 당연히 열매도 맺을 수 없다. 단순히 삶의 투쟁이라는 피하고 싶은 굴레 속에서 허덕일 뿐이다.

삶 속에서 화평을 이루기 위해 어떻게 해야 할까?

하나님의 사랑과 지혜, 진리 속에서 살아가야 한다. 그분의 사랑이 없으면 화평을 이룰 수 없다. 그분의 지혜가 없다면 미련함으로 인해

---

51. "우리는 구원 받는 자들에게나 망하는 자들에게나 하나님 앞에서 그리스도의 향기니"(고린도후서2:15)

화평은 깨지게 될 것이다. 우리가 진리를 안다면 지혜로운 것과 미련한 것에 대해 구별할 수 있다. 진리와 비(非)진리를 구별하는 능력을 갖추게 된다. 또한 사랑에 역행하는 것을 인지할 수 있고 삶의 방향을 하나님의 공의로 바꾸는 것이다.

그리고 한 가지 우리가 간과해서는 안 될 것이 있다.

그것은 '무분별한 인간관계'이다. 인간관계라는 것은 영적인 측면에서 보면 서로에게 책임과 의무가 주어지게 된다. 책임과 의무라는 것은 무엇인가? 지금까지 나눈 것처럼 화평함과 거룩함으로 살아가는 것이다. 이러한 영향력이 서로를 지탱하는 것이고 그 안에서 서로 간에 좋은 열매를 맺는 것이다. 이러한 이유로 인간관계를 함부로 무분별하게 맺는 것은 자신에게 무거운 짐을 짊어지도록 하는 것과 같은 형상이다. 지혜로운 삶이 아니다.

당신은 이러한 짐을 감당할 수 있겠는가? 성경은 인간관계에 대해 어떠한 지혜를 제시하는가?

"지혜로운 자와 동행하면 지혜를 얻고 미련한 자와 사귀면 해를 받느니라"

(잠언13:20)

인간관계에서 서로 간에 화평함 및 거룩함이 나오지 않는다면 그 인간관계는 나에게 가시가 되고 독이 될 뿐이다. 화평함은 일방통행이 아닌 양방 통행이 되어야 하기 때문이다. 이것은 서로 간에 책임과 의무로서 감당하는 것으로 이해되어야 한다. 그러나 미련한 사람은 인간관계에서 화평함이라는 것을 찾아 볼 수 없다.

결혼을 앞둔 젊은이들은 이성에게서 사랑의 감정을 느끼고 사귀면서 결혼을 생각하게 된다. 그러나 본질적으로 결혼은 아무나 하는 것이 아니다. 관계 속에서 화평함이라는 것을 알고 실천할 수 있는 수준이 되는 사람들이 해야 한다. 결혼 생활은 불같은 사랑의 열정만으로 가능한 것이 아니기 때문이다. 부부로서 관계에 대한 책임과 의무를 다할 수 있는 의식 수준을 갖춘 사람들이 해야 하는 것이다. 화평함이라는 것을 삶 속에서 잃어버리지 않도록 최선을 다할 수 있는 사람이 결혼해야 한다. 이것이 가능하지 않다면, 그 결혼은 하지 말아야 한다. 두 사람 모두에게 독이 될 것이기 때문이다.

사랑은 다양하게 표현할 수 있지만, 삶 속에서 화평함을 이루는 것이라고 말할 수 있다. 이러한 사랑을 알고 실천하는 사람이 하나님의 아들이자 딸인 것이다. 이러한 사람들은 그리스도의 향기가 뿜어져 나오기에 그들의 영향력은 결코 작지 않다. 그 영향력은 곧 하나님의 능력이라고 말할 수 있으며, 자신이 소망하는 모든 것을 이룰 것이다.

18장 신령과 진리로 예배하라

　기독교 성도뿐만 아니라 모든 인간은 예배자이다. 예배당이나 성당이나 그 밖의 종교 사원에서 사람들은 예배를 드리기 위하여 모이거나 움직인다. 특정 종교가 없다고 해도 사람들은 자신의 능력을 바라보든 타인의 능력을 통한 도움을 바라보든 의지하고 높이는 대상이 있다. 그것이 관념이든, 존재든, 대상이든 상관없이 인간은 자신만의 방법 및 방식으로 예배를 드리고 있다. 물론 자신이 드리는 예배를 받는 존재에 대한 이해 및 신앙의 관념은 다르겠지만 말이다.

　기독교에서 볼 때 '나는 진심으로 예배를 드린다고 생각하지만, 잘 모르겠다.'라고 생각하거나 고백할 사람들이 많을 것이다. 요한복음 4장을 읽어 보면 예수 그리스도와 사마리아 여인의 대화에서 '신령과 진리로 예배를 드리라'는 말씀이 나온다.[52] 유대인과 사마리아인은 원수라고 생각하는 이 사마리아 여인에게 예수님께서 물을 달라고 말씀하시는 것으로 시작한다.[53]

---

52. "아버지께 참되게 예배하는 자들은 영과 진리로 예배할 때가 오나니 곧 이 때라 아버지께서는 자기에게 이렇게 예배하는 자들을 찾으시느니라"(요한복음4:23)
53. 북이스라엘과 남유다의 불순종은 하나님의 심판을 불러왔으며, 그 심판의 도구는 성경에는 앗수르, 세계사에는 앗시리아 제국으로 불리는 나라가 되었다. 앗시리아는 이집트뿐만 아니라, 고대 근동 여러 나라들과 북이스라엘을 줄기차게 괴롭혔다. 그들을 식민지화했으며, 해마다 조공을 바치도록 했다. 그들의 식민지 정책은 혼혈 정책이었다. 즉 이스라엘 사람들을 데려다가 앗시리아 및 그 식민지 나라에 강제로 이주하게 한다. 그리고 이스라엘 땅에는 타민족이나 앗시리아 제국의 사람들을 이주시켜 거주하게 했던 것이다. 이러한 통치의 목적은 민족을 섞어서 민족정신을 잊어버리게 하기 위한 것이었다. 시간이 흐르고 북이스라엘의 혈통이 타민족들과 섞이면서, 새로운 혼혈족이 등장했다. 그곳 지역의 이름과 같이 사마리아인이 탄생하게 된 것이다. 이들은 시간이 지나 이스라엘 백성이 되었지만, 단 한 번도 유대인들은 자신들과 같은 민족이라고 인정하지 않았다. 그러나 엄밀히 논하자면 현재 이스라엘에서 순

육적인 물과 영적인 물

물을 잘 마시지 않는 사람일지라도 인간은 건강이나 생명 유지를 위해서 누구나 수분을 섭취해야 한다. 그런데 주님께서는 이 생수에 대해 다음과 같이 말씀하고 있다.

"예수께서 대답하여 이르시되 이 물을 마시는 자마다 다시 목마르려니와 내가 주는 물을 마시는 자는 영원히 목마르지 아니하리니 내가 주는 물은 그 속에서 영생하도록 솟아나는 샘물이 되리라"

(요한복음4:13~14)

이 말씀에서 우리가 먹는 물과 주님께서 주시는 물은 다르다는 것을 알 수 있다. 여기에서 의미하는 바는 무엇일까? 육적인 것일까, 영적인 것일까? 육적인 물은 '눈에 보이고 손으로 만져지고 맛이 느껴지는 물리적인 물'을 의미한다. 육적인 물은 계속해서 결핍이 생겨난다. 지금 시원하게 물 한 잔을 마셨다고 하지만, 서너 시간 지나면 또다시 물을 마셔야 할 갈증을 느끼게 되고 마셔야만 하는 것이 육의 몸이기 때문이다. 그러나 주께서 주시는 생명의 물은 그렇지 않다. 이 물은 영적인 물이기에, 시간과 공간에 대한 제약이 없다. 영적으로 하나님의 생수를 마신다는 것은 더 이상 갈증이 생겨나지 않는 생명의 물이라는

수 혈통을 찾아보는 것은 거의 희박하다. 1,3900년이라는 긴 세월 동안 그들은 전 세계에 흩어져 살았기 때문이다. 실제로는 극소수에 불과하다.

것을 전제로 하는 것이다. 이것은 영이 마시는 물이며, 그 물 역시 영적인 물이다. 영은 영원하기 때문이다.

　질문을 해 본다. 인간은 나이가 많이 들면 늙은 몸처럼 감정도 사라지고, 느낌도 사라지고, 슬픔과 기쁨도 느낄 수 없게 되는 것일까? 아니다. 젊을 때와 크게 다르지 않다.

　통상적으로 사람이 살아가는 동안 하게 되는 거짓말 중 하나는 '**늙으면 빨리 죽어야지**'라는 표현일 것이다. 사실 이 표현은 역설적이며, 강한 젊음과 건강을 원하는 내면의 절규와도 같다. 세상을 떠날 날이 가까울수록 삶을 버리고 싶은 것이 아니라 오히려 인생에 대한 애착, 삶에 대한 미련이 강하게 다가오는 것은 본능에 가까운 것이 아니겠는가!

　결국 인간의 육체는 세월이 지나면 늙고 병든다고 하지만 우리의 영혼은 늙거나 병들지 않는다. 주님께서는 이 영혼이 마셔야 할 생수를 말씀하신 것이다. 안타깝게도 사람들은 대부분 그리스도께서 주시는 이 영의 생수를 거부하거나 마시지 않는다.

　게다가 마시고 싶은 사람이라도 소위 말하는 겉사람인 '자아, Ego'라는 견고한 성벽이 생명의 물을 마시도록 허용하지 않는다.

영생하도록 솟아나는 생수

　속사람이 마시는 물은 보통의 물리적인 물이 아니다. 이 물을 마셔야만 인간은 영생할 수 있다.

그러나 비록 기독교인이라고 해도 거의 모든 사람들은 이 영의 생수를 온전히 마시지 못하고 있다. 이유는 자아의 성벽을 온전히 허물지 못하기 때문이다. 비록 그가 교회를 출석하는 사람이라고 해도 큰 차이는 없다. 왜냐하면 결국 육의 죽음을 경험하기 때문이 아니겠는가! 정통 기독교는 이 생수를 천국에 입성하는 자가 마시는 것으로 천국에서의 영원한 삶을 모형으로 묘사해 버리는 것[54]에서 멈추어 버렸다. 그러나 예수님께서는 이 부분을 뛰어넘으셨다. 실제로 죽지 않는 영생을 말씀하신 것이다. 그럼에도 불구하고 인간은 이 자아, 온전한 자기부인을 하지 못하기 때문에, 다시 말해 죄에서 자유롭지 못하기 때문에 죽음의 시간이 다가오는 것이다. 이것은 하나님의 속성에 대해 무지하기 때문이며, 진리에 도달하지 못하기 때문이다. 예수께서 말씀하신 것처럼 하늘에 계신 아버지처럼 온전하지 못하다는 것이다.

우리의 내면이 온전하지 못하면 육체는 조금씩 늙고 병들게 되며, 결국 육체의 죽음이 모든 이에게 찾아오는 것이다.

인간은 '왜, 육체가 죽어야만 하는가?' 주님께서는 영생을 누릴 수 있다고 말씀하고 계시는데 '왜, 인간은 허망하게 죽고 마는 것인가?'라는 절규 아닌 절규가 지금 세상 곳곳에서 외쳐지고 있다.

---

54. '영생(永生)'이라는 개념은 기독교 내에서는 육체가 죽어서 영원한 나라인 천국에 들어가는 것으로 해석하고 있다. 반대의 개념은 '영벌'로 표현한다. 영생에 들지 못한 경우를 말하는데, 그리스도의 대속의 은혜에서 벗어난 망자들이 가는 곳인 지옥의 장소이다. 현시대는 인간의 영생에 대한 접근법이나 개념이 다소 다르게 해석되고 있다. 생명 공학, 의학계, 과학, 정신학계에서는 인간의 수명에 대해 기존의 필멸의 육체에 대해 좀 더 낙관적인 관점으로 바라보고 있다. 오래지 않은 미래에 인간이 영생의 길을 걸어갈 수 있는 능력의 수준이 조금씩 가까워지고 있다. 비록 다양한 측면의 가설들이 존재하지만, 영생은 육체의 죽음 후에 있을 영의 삶만을 말하는 것은 아니다.

육은 영에 의해서 완성된다

우리 눈에 보이는 세상은 눈에 보이지 않는 세상으로부터 나온 표상에 불과하다는 것은 진리이다. 건강한 믿음을 가진 사람이라면 반박할 수 없을 것이다. 그러나 인간은 보이지 않는 세상을 바라보지 못하고 눈에 보이는 세상만을 바라보는 오류를 범하고 있다. 당신이 매일 하는 기도를 생각해 보라! 그 기도 대부분의 내용은 육적인 것에서 머물고 있지 않은가? 진정으로 그리스도와 일치를 이루기 위한 소망이 얼마나 내재되어 있는가? 우리는 실제로 하나님과 하나가 되는 것에 대해 관심이 없으며, 무지하다.

그러므로 우리의 기도는 예수 그리스도께서 하신 기도와 일치해야 한다.

> "아버지여, 아버지께서 내 안에, 내가 아버지 안에 있는 것 같이 그들도 다 하나가 되어 우리 안에 있게 하사 세상으로 아버지께서 나를 보내신 것을 믿게 하옵소서"
>
> (요한복음17:21)

우리의 영이 하나님과 하나가 될 때 본질적으로 죽지 않게 되며, 영원한 몸을 가지게 되는 것이다. 한편 공식적으로 인간이 이러한 일치를 이루도록 하는 데 있어서 엄청난 은혜를 쏟아부으시는 사건이 바로 '휴거'일 것이다.

안타깝게도 세상에서 공식적으로 주님과 온전한 일치를 이룬 사람은 나오지 않았다. 교회는 이러한 사람들을 모른다고 하는 것이 맞는 표현일 수 있다. 온전한 일치를 이룬 사람은 죽지 않기 때문이다. 그러한 존재들은 아마도 알려지지 않을 것이라 생각된다. 사람이 대략 지상에서 150년 이상의 세월을 죽지 않고 살게 되면 배우자, 자녀, 손자, 일가친척들의 죽음을 보는 것은 당연한 것이다. 그러한 환경에 이르게 되면 가족이라는 관계가 그 개인에게 의미가 있겠는가? 결국 공식적으로 자신의 존재를 증명하고 알리는 삶은 의미가 없어지게 될 것이다. 영적인 가정이지만 온전히 일치를 이룬 사람을 우리가 알 수 없는 이유일지 모른다. 비록 알려지지 않았지만 지금 이 시대에는 500년, 1,000년 이상을 살아가는 사람들, 3차원의 세계에서 4차원의 세계를 넘나드는 사람들은 존재하리라 믿는다.

마치 판타지를 논하고 있는 것 같지만 이러한 접근법, 이러한 영성, 이러한 깨달음, 이러한 경험 및 현상들이 내 안에서 온전하게 활성화되어 있는 상태가 바로 '신령'이다.

신령한 존재로서의 예배

만물의 본질이며, 전지전능한 존재인 하나님의 자녀이며, 주 예수 그리스도를 믿는 사람은 모두 신령한 존재이다. 그러한 존재가 하나님을 바라보며, 그분을 찬양하며, 그분을 높이는 것이 바로 예배이다. 하나님과 하나가 된 사람, 그리스도와 일치를 이룬 사람이 드리는 모든 생각과 말과 행위가 곧 영과 진리로 예배하는 것이다.

이스라엘 역사를 보면 북이스라엘에서는 이방인들이 많이 거주하게 되었다. 이유는 앗시리아 제국의 이주 정책에서 기인한다. 강제적인 이주 정책으로 인해 사마리아 지역에는 이방인들이 많이 살았다. 시간이 흐르면서 유일신 하나님을 믿는 사상이 그들 안으로 들어왔지만 이스라엘의 텃세는 만만치 않았다. 그러한 과정 속에서, 하나님을 섬기는 사마리아인들은 모세 오경의 내용과 비슷한 사마리아 오경이라는 성경을 자체적으로 사용했다. 그들은 그리심산에서 예배를 드리는 것이 하나님과 올바른 관계 속에서 드리는 참예배라고 생각했다. 그리심산은 모세가 축복과 저주에 대해 설교한 산이기도 하다.[55]

사마리아인들을 통해 우리는 하나님께 드리는 예배에 대해 다시금 생각해 보게 된다. 이 사람들의 논리로 들어가 보면, 우리 역시 대한민국에서 드리는 예배는 참예배가 아닐 것이다. 이스라엘과 너무나 멀리 떨어져 있는 땅이기 때문이다. 그러나 이러한 생각은 진리가 아니다. 육적인 것에 집중하고 있다는 오류에 불과하다. 육적인 것의 속성은 항상 눈에 보이는 것에 초점을 맞춘다는 것이다. 신령으로 예배를 드리는 사람은 그 장소에 구애받지 않는다. 다윗의 고백처럼 그곳이 비록 죽음의 골짜기라고 해도 상관이 없다는 것이다.[56]

---

55. "내가 오늘 복과 저주를 너희 앞에 두나니 너희가 만일 내가 오늘 너희에게 명하는 너희의 하나님 여호와의 명령을 들으면 복이 될 것이요 너희가 만일 내가 오늘 너희에게 명령하는 도에서 돌이켜 떠나 너희의 하나님 여호와의 명령을 듣지 아니하고 본래 알지 못하던 다른 신들을 따르면 저주를 받으리라 네 하나님 여호와께서 네가 가서 차지할 땅으로 너를 인도하여 들이실 때에 너는 그리심 산에서 축복을 선포하고 에발 산에서 저주를 선포하라"(신명기11:26~29)
56. 예배를 드린다는 것은 함께하시는 하나님을 경험하는 것이고 일치하는 것이며, 바라보는 것이다. 그러한 의미에서 다윗은 참예배에 대한 이해가 있었다. 그의 고백은 다음과 같다. "내가 사망의 음침한 골짜기로 다닐지라도 해를 두려워하지 않을 것은 주께서 나와 함께 하심이라 주의 지팡이와 막대기가 나를 안위하시나이다"(시편23:4)

하나님을 아는 자만이 예배를 드릴 수 있다

요한복음 17장 3절에는 **"영생은 곧 유일하신 참 하나님과 그가 보내신 자 예수 그리스도를 아는 것이니이다"**라는 말씀이 있다. 참 하나님과 예수 그리스도를 아는 사람은 누구일까?

'참 하나님과 그가 보내신 자 예수 그리스도를 아는 사람'은 참되게 예배하는 자들이다. 역으로 말하면 유일하신 참 하나님과 그가 보내신 자인 예수 그리스도를 알지 못하면, 신령과 진리로 예배를 드릴 수 없다는 것이다. 구약 시대 및 신약 시대를 지나면서, 말씀을 직접적으로 받은 유대인들이나, 교회의 탄생으로 인해 새로운 언약의 수혜자로 살아온 사람들이나 참되게 예배하는 자는 소수에 불과했다. 유일하신 참 하나님과 그가 보내신 자 예수 그리스도를 안다는 것은 매우 추상적이고도 어렵기 때문이다. 너무나 심오한 것이었다. 물론 이 말씀에 지식적인 측면으로만 접근한다면, 그것은 신령한 지식을 갖춘 사람만이 구원받는다는 영지주의[57]적인 방향으로 흘러갈 수 있다.

우리의 영으로 안다는 것

영생에 관련한 그리스도의 말씀은 인간이 이해할 수 없는 영역이 아

---

57. 그리스어로서 번역하면 인식, 앎, 지식 또는 깨달음으로 번역할 수 있다. 사실 종교적이고 복합적인 의미 때문에 보통 그노시스, 영지주의라고 부르고 있다. 초대 교회 때부터 많은 갈등을 일으킨 사상이고 종교적인 신념이며, 유대교 및 이방 종교와도 깊은 관련이 있다. 깊은 깨달음, 영적인 지식이 인간의 근본적인 구원을 위한 길이라는 가르침이 대부분이다. 밀교와도 연관되어 있고 그 뿌리와 근원을 찾기는 어렵다. 로마 가톨릭 교회로부터 이단시되면서, 자료는 세상에서 찾아 보기 어렵다. 상당 부분 관련된 사람들의 사형 및 영지주의 서적이 대부분 불태워졌기 때문이다.

니다. 이것은 '하나님의 영, 그리스도의 영, 우리의 영'이 하나가 된다는 것을 의미하기 때문이다. 요한복음 17장 21~22절에서는 이 의미를 말씀하고 있다.

> "아버지여, 아버지께서 내 안에, 내가 아버지 안에 있는 것 같이 그들도 다 하나가 되어 우리 안에 있게 하사 세상으로 아버지께서 나를 보내신 것을 믿게 하옵소서 내게 주신 영광을 내가 그들에게 주었사오니 이는 우리가 하나가 된 것 같이 그들도 하나가 되게 하려 함이니이다"
>
> (요한복음17:21~22)

온전히 서로를 안다는 것의 시작이자 기본은 하나님과 나와의 관계가 친밀한 것이며, 동행하는 것이고 사랑하는 관계다. 그리고 눈에 보이지 않는 하나님을 안다는 것은 그분의 속성을 안다는 것이고 나에게서 그 속성이 온전히 녹아내려서 삶으로 나오는 것이기도 하다.

그렇다면 '하나님의 속성이며 그리스도께서 우리에게 보여 주시고 가르치신 말씀'이 무엇일까? 그것은 사랑이며 지혜이고, 정의로움이고, 소망이며, 기쁨이다. 이러한 속성이 진리이며, 이러한 속성을 갖춘 자가 드리는 예배가 바로 진리로 예배드린다는 것이다.

하나님은 모든 인간의 아버지이신 영이다. 구약에서는 하나님께 예배를 드리기 위해서 동물을 잡고 번제로써 태운 향이 하나님께 분향된다고 믿었다. 물론 이러한 예배 역시 그 본질은 하나님께 감사와 영광을 올리는 것이기는 하지만 눈에 보이는 예식, 곧 행위에 집중되어 있었다. 제사를 위한 제사의 형식에 집중하다 보니, 더 중요한 사랑과 하나님의 공의를 잃어버렸던 것이 아니었는가!

　예수님께서 오심으로 인해, 이제 인간은 영으로 그분께 예배를 드리게 되었다. 영으로 예배를 드린다는 것은 하나님과 나와 일치하는 관계 속에서, 다른 표현으로는 영과 영이 하나가 되는 것을 깨닫는 것이며 그러한 삶을 살아가는 것이다. 이것이 신령으로 드리는 예배라고 할 수 있다. 세상 모든 사람들이 진리의 영을 알고 느끼며, 신령과 진리로 예배드리는 참 예배자가 되는 그날을 소망해 본다.

　필자는 그날이 반드시 오리라 믿고 있다.

19장 영혼의 동반자: Soulmate

드라마 제목부터 시작해서 영화에 이르기까지 '소울메이트'라는 말이 사람들 사이에서 많이 사용되고 있다.

이 개념에 관한 일반적인 통념은 사람은 모든 면에서 완벽히 맞는 또 다른 사람이 존재한다는 것이다. 이를 토대로 결혼 상대자나 연인에 대한 측면에서 소울메이트가 많이 회자되고 있다. 이러한 관념은 만일 소울메이트가 아닌 사람과 결혼한다면 행복해지지 않는다는 생각에 힘을 실어 주게 된다. 한편 결혼 상대는 아니더라도 마음이 맞고 편안하고 좋은 사람들을 가리켜 '소울메이트'라고도 말하곤 한다.

과연 영혼의 동반자라고 하는 '소울메이트'는 존재할까?

우리는 다음과 같은 질문을 하게 된다.

'소울메이트'가 있다고 생각하는 믿음은 성경적일까? 아니면 그저 세상적인 관념 속에서 태어난 상상의 존재일까? 우선 이 질문 자체에 대한 답을 한다면 누구에게나 소울메이트는 존재한다. 그러나 세상 사람들이 생각하는 그러한 통념의 소울메이트는 존재하지 않는다. 생각해 보자! 삶을 살아가면서 '나' 자신도 내 뜻대로, 내 마음대로 안 되는데, 타인은 말해 무엇 하겠는가! 그럼에도 불구하고 우리에게는 영혼의 동반자라는 존재가 있다.

'이 존재는 누구일까?'

사람들이 대부분 영혼의 동반자라고 생각하는 사람들은 제한되어 있다. 당장은 눈에 보이는 가족들, 오랜 시간을 함께한 친구들, 지인들, 사업이나 기타 다양한 영역에서 활동하는 파트너들을 동반자로 여기고 있다. 그렇게 믿고 살아간다. 그러나 인간은 동반자가 될 수 없다. 하나님 외에는 인간에게 온전한 동반자가 될 수 없기 때문이다. 당장은 동반자처럼 보일지 모르지만, 오랜 시간을 함께해 보면 서로 간의 생각의 불일치, 가치관의 차이, 성향의 차이, 삶의 방식 및 환경의 차이, 의식 수준의 차이 등으로 인해 그 관계의 한계를 발견하게 된다. 그러므로 인간은 동반자의 관계로서는 영원하지 못하다.

겉사람이 아닌 속사람

물론 영적으로 이러한 분석을 하고 있지만, 영혼의 동반자가 될 수 있는 인간은 분명 존재하고 있다. 중요한 것은 여기서 말하는 인간은 겉사람이 아닌 속사람을 일컫는다는 것이다. 사람들은 비록 의지적으로 속사람으로 살아가기 위해 겉사람의 모습을 지양한다고 하지만, 거의 대부분의 시간을 겉사람으로 살아가고 있다. 그래서 영혼의 동반자가 될 수 없는 것이다.

반면에 속사람은 동반자가 될 수 있다. 속사람은 근본적으로 겉사람과 다르다. 하나님과 일치한 속사람은 진정한 영혼의 동반자가 될 수 있는 속성을 가지고 있기 때문이다.

잠언 3장에는 이러한 속사람에 대한 설명이 있다.

"인자와 진리가 네게서 떠나지 말게 하고 그것을 네 목에 매며 네 마음판에 새기라 그리하면 네가 하나님과 사람 앞에서 은총과 귀중히 여김을 받으리라"

(잠언3:3~4)

하나님과 인간 앞에서 인정받는 방법에 대한 말씀이다. 좀 더 쉽게 표현해 본다면 인간관계론이라고 말할 수 있으며, 영혼의 동반자의 자격 조건이라고 말할 수 있다. 그 조건은 **인자와 진리가 네게서 떠나지 말게 하라**라는 것이다. 이것의 이행이 곧 하나님과 사람들로부터 사랑과 귀히 여김을 받는다는 것이다.

'진리라는 것'은 성도들에게는 매주 말씀으로 다가오고 있다. 당신은 이 진리를 나의 것으로 만들고 있는가? 나의 것으로 소화하지 않으면 진리는 사라지고 만다. 그리고 이 진리 안에는 인자도 포함된다. 당신이 매주 예배 때 듣는 말씀의 주제가 바로 **'진리이고 인자'**이기 때문이다.

'진리(眞理)라는 것'은 하나님의 창조 원리이고 하나님으로부터 비롯된 것이다. 그분의 공의와 정의로움, 그분의 사랑과 지혜, 목적, 능력이라고 말할 수 있다. 예로써 **'인간은 왜 살아가야 하는가?'**라는 질문에 대한 답은 무엇이겠는가? 그 답은 '삶을 통해서 배우기 위한 것'이다. 이러한 것이 바로 진리라고 할 수 있다. 솔로몬은 이러한 진리가 내면에 갖추어져 있어야 한다고 가르치고 있다. 진리를 갖추고 있을 때 인간은 삶이 무엇인지, 왜 삶을 살아가야 하는지, 어떻게 삶을 살아야 하는지를 파악할 수 있고 그 방향을 잡을 수 있기 때문이다.

그러면 인자라는 것은 무엇인지 생각해 보자.

'헤세드'라고 발음되는 히브리어인 이 단어는 구약 성경 전체에서 240번이나 사용될 만큼 중요한 단어라고 할 수 있다. 헤세드의 의미는 자애, 인애, 신실함, 선함, 헌신, 자비 등의 뜻을 내포하고 있다. 그러므로 이 단어의 본질은 인간의 속성이 아닌 하나님의 속성이다. 이 헤세드가 인간에게 나타나는 것이 속사람이라고 할 수 있는 것이다. 그러므로 '헤세드'는 하나님을 아는 인간이 갖추어야 할 인격적인 덕목이며, 내면의 속성이라고 할 수 있다. 헤세드의 결핍은 곧 인간성 상실이며, 의식 수준의 낮음으로 볼 수 있다.

'인자와 진리'라는 것은 하나님으로부터 나온 것이고 하나님의 형상을 입은 인간 역시 이 두 가지의 속성이 항상 갖추어져 있어야 한다고 말할 수 있다. 이것은 엄밀히 말하면 창조된 인간의 기본, 그 자체라고 해야 할 것이다. 인자와 진리를 갖추는 것이 어쩌면 당연한 것임에도 불구하고 이 두 속성이 잘 갖추어져 있는 사람은 흔치 않다.

인자와 진리를 갖추라

세상에서는 사람을 평가할 때 그의 직업, 학력, 재력, 경력, 업적 등을 본다. 외적인 면을 중요시 여기는 풍조도 있겠지만 내면은 눈에 보이지 않기 때문이다. 외적인 인정은 일시적이며 세상에 국한되어 있지만 영적인 인정은 세상과는 급이 다르다. 주님께서는 이러한 측면에서 다음과 같이 말씀하셨다.

> "내가 너희에게 이르노니 너희 의가 서기관과 바리새인보다 더 낫지 못하면 결코 천국에 들어가지 못하리라"
>
> (마태복음5:20)

그리스도께서 가르치실 때 유대 사회에서 서기관과 바리새인은 사람들의 존경과 높임을 받는 사람들이었다. 이들은 백성들의 지도층이었기 때문이다. 그러나 그들은 사람들 앞에서는 의를 보이지만 정작 내면에서는 인자와 진리를 갖추지 못했다. 왜냐하면 정의를 상실했으며, 진리 자체이신 그리스도를 알아보지 못했기 때문이다. 그러므로 그리스도를 아는 사람, 그분을 믿는 사람은 인자와 진리를 갖추어야 한다.

세상 사람들의 눈과 귀는 속일 수 있을지 모르지만 하나님을 속일 수는 없다. 눈동자와 같이 지켜보시고 모든 것을 아시기 때문이다. 한편 인간이 인자와 진리를 갖추지 않으면 주님의 은총과 귀히 여김을 받을 수 없다. 귀히 여겨지고 사랑과 존경을 받는 조건은 진리와 인자를 갖춘 자여야 하기 때문이다.

이러한 조건을 갖춘 자가 바로 영혼의 동반자를 만날 수 있고 자신도 누군가에게 그러한 영혼의 동반자가 될 수 있는 것이 아니겠는가!

여기서 우리는 중요한 인간관계론이자 처세술이라고 할 수 있는 원리를 배울 수 있다. 세상에서 인정을 받기 원한다면, 사람들에게 높임을 받고 존경을 받기 원한다면 **'인자와 진리'를** 갖추어야 한다.

탈무드에는 다음과 같은 이야기가 있다. 어느 날 '진리'와 '이야기' 둘이서 내기를 했다. 누가 더 사람들에게 인기가 있는지 말이다. 먼저 진리가 유대인의 마을로 들어갔다. 진리는 내심 자신 있어 하며 말했다. '나는 진리인데, 어디 이야기가 나하고 경쟁이 될 수 있겠는가!'라고 말이다. 그러나 자신의 예상과는 달리 사람들은 진리를 보자 외면했다. 진리와 마주하기를 꺼려 하며 피하기만 하는 것이다. 진리는 더욱 소리를 내고 있다. 그러자 사람들은 아예 창문을 닫아 버렸다. 그렇게 진리가 마을 중심까지 걸어갔지만 자신의 주위를 둘러보니 자신 외에는 아무도 없었다. 결국 진리는 혼자 쓸쓸히 마을을 빠져나갔다.

이번에는 이야기가 마을로 들어갔다. 이야기가 왔다는 소식이 들리자 사람들이 기웃거리기 시작했다. 닫혔던 창문들이 열리고 사람들은 이야기가 내는 소리를 들어 보려고 다가오고 있었다. 어느덧 이야기가 마을 중앙에 이르렀을 때 이야기 주위에는 많은 사람들이 함께하고 있었다. 결국 이야기는 흡족한 마음으로 사람들의 아쉬움과 배웅을 받으며 마을을 빠져나왔다.

진리와 이야기는 다시 만난다. 진리는 이야기에게 말한다. "네가 이겼다. 나는 졌다."라고 패배를 인정한다. 이때 이야기가 진리에게 다음과 같은 말을 한다.

"진리야, 그러면 네가 나를 옷으로 입으면 어떻겠니?" 이 제안을 흔

쾌히 받아들인 진리는 이야기를 옷으로 입었다. 진리는 다시 마을로 들어갔다.

이번에는 처음과는 사뭇 다른 모습이었다. 많은 사람들이 진리에게 다가왔던 것이다. 이때부터 유대인 마을에는 언제나 진리를 환영하게 되었다.

동화 같은 이 『탈무드』의 이야기 안에는 귀한 교훈이 들어 있다. 진리에 인자가 들어가 있지 않으면 그것은 오히려 무거운 압박과 같은 짐이 될 수 있고 화살 아닌 화살이 될 수 있다.

상처받은 마음을 만져 주는 것, 이해하는 말과 행동, 위로하는 마음은 상대의 마음을 열어 주게 된다. 이처럼 영혼의 동반자는 내면을 이해하고 만져 주는 존재이다. 인자와 진리를 갖춘다는 것은 이와 같은 의미에서 이해할 수 있다. 또한 '진리와 이야기'의 내러티브에서 알 수 있듯이 일치된 두 존재가 곧 소울메이트라고 할 수 있다.

복음 전도는 진리를 외치는 것이다. 물론 복음 전도는 선한 것이고 참인 명제라고 할 수 있다. 그럼에도 불구하고 천국 복음을 외치면서, 그 외치는 사람에게서 헤세드 곧 인애, 긍휼과 같은 사랑, 거룩과 같은 품위가 없다면 그 진리는 외면될 수밖에 없다. 바른말만 한다고 해서 사람들이 그 말을 받아들이는 것은 아니다. 마음을 열 수 있는 인자가 있어야 한다. 그때 비로소 진리가 빛을 발하게 되는 것이다.

같은 맥락으로 인자는 있는데 진리가 없다면, 그 인자는 미련함과 속임을 당하는 것에 빠져 버릴 수 있다. 진리는 곧 지혜로움과 같기 때문이다. 인자는 쉽게 인기를 얻을 수 있을지 모르지만 호수를 정처 없이 떠도는 부평초에 불과하다. 하나님의 진리 안에 서 있지 않다면, 사람이 행하는 인자는 결국 허공에서 사라지는 메아리에 불과하기 때문이다.

영원하고 진정한 삶의 동반자이신 하나님

현재 당신의 삶의 동반자는 누구인가?

믿는 사람들은 당연히 하나님과 동행한다고 고백하지만, 실제로는 그분과 동행한다는 것이 무엇인지, 왜 동행해야 하는지, 어떻게 동행해야 하는지 명확하게 설명하지는 못한다.

단지 추상적으로만 생각하고 있다. 실제로 사람들은 눈에 보이는 존재인 인간에게 의지하고 인간을 동반자라고 생각하기 때문이다. 이것은 영적인 변수로서 삶에 영향을 미치게 된다.

잠언 3장 5~6절 말씀을 살펴본다.

"너는 마음을 다하여 여호와를 신뢰하고 네 명철을 의지하지 말라 너는 범사에 그를 인정하라 그리하면 네 길을 지도하시리라"

'삶의 동반자는 하나님이시라는 것, 인간은 하나님과 동행해야 한다

는 것'에 대한 영적인 권고이자 지식의 말씀이라고 할 수 있다. 그런데 하나님께서는 우리가 변수라고 생각하는 바로 그 인간을 통해서 말씀하시고 동행하신다는 것은 간과하기 쉽다. 구약에서 이스라엘을 가나안 땅으로 인도한 존재는 하나님이다. 그러나 눈에 보이는 영도자는 누구였는가? 모세이다. 형들의 핍박으로 노예로 팔려 간 요셉은 어떠했는가? 그를 파라오왕에게 소개해 준 존재는 다름 아닌 이집트 관리들이다. 그리고 국무총리의 자리로 높인 존재 역시 인간인 파라오왕이었다. 이처럼 요셉의 동반자이자 조력자는 외적으로는 인간이었다. 그러나 그 인간을 움직인 존재가 하나님이시라는 것이다. 하나님께서 그들을 보내시고 그들을 사용하신 것이 아니었는가! 명분은 요셉을 높이기 위해, 이스라엘 백성들을 이집트에서 거대 민족으로 키우기 위해서다. 계속해서 이스라엘이 가나안 정복 전쟁을 수행할 때, 참전한 사람들은 인간이었다. 그러나 그들을 승리로 이끈 존재는 그들의 전쟁 수행 능력이 아니라 하나님의 임재하심과 그분의 능력이었다. 이와 같이 우리는 삶 속에서 동행해야 할 사람, 소위 말하는 소울메이트가 필요하다.

정말 이상적인 삶의 동반자가 있다면 얼마나 좋겠는가?
그러나 하나님과 동행하지 않는 사람은 결코 만날 수 없다. 그 동반자는 하나님이시고 하나님께서 사람을 보내시기 때문이다. 그런데 중요한 것은 그분이 보내시는 사람을 쉽게 만날 수 없다는 것이다. 인간은 사람을 외적으로 평가하며, 외적인 배경을 보며, 사람을 볼 안목이 없기 때문이다. 정작 하나님의 사람, 하나님께서 보내신 영적인 동반자를 알아보지 못한다는 것이다. 오히려 엉뚱한 사람들, 하나님께서 보내시지 않은 사람들, 자기에게 해로운 사람들에게 집중하고 만다. 그들과 많은 시간을 보내고 있다. 당연한 것이겠지만 겉사람 눈에는 겉사람만이 보이기 때문이다. 겉사람으로 살아가는 사람은 겉사람으로 살아가는 사람만이 보일 것이고 그들과 함께할 것이다. 결국 스스로 자신의 영적 수준을 증명하고 있는 것이다.

하나님을 찾아야 한다

겉사람은 결코 영혼의 동반자가 될 수 없다. 나에게 소울메이트가 없다는 것은 나 역시 누군가에게 소울메이트가 아니라는 것이다. 그리고 이것은 곧 하나님과 동행하고 있지 않다는 증거가 된다. 이것이 모든 인간의 딜레마이다. 세상은 이러한 것을 극복하기 위해서 다양한 논리를 만들어 내고 있다.

'진취적으로 생각하라, 역으로 생각하라, 긍정적인 마인드를 가져라. 소망을 끌어당겨라' 등의 교훈을 가르치고 있다. 그러나 이러한 것들은 겉사람을 극복하기 위한 작은 몸부림에 불과하다. 여전히 겉사람으로 살아가는데 어떻게 겉사람을 극복할 수 있겠는가. 먼지투성이 방에서 자면서 옷을 매일 세탁하고 목욕하면 무엇 하겠는가? 중요한 것은 방을 먼저 치워야 하는 것이다. 그러므로 우리는 자신의 내면을 깨끗하게 정화해야 한다. 그 정화는 곧 하나님을 찾는 것이다. 하나님을 내 삶의 모든 순간에서 인정해야 한다. 우리의 삶은 하나님의 삶이 되어야 한다. 하나님의 삶은 인자와 진리를 갖춘 삶이기 때문이다.

20장 하나님의 나라는 어디에 있을까

창세기를 보면 인류 첫 인간이라고 하는 아담과 하와가 거주하던 곳은 '에덴동산'이었다. 그곳의 위치, 실제로 지상에 있을 것이라고 생각하는 사람들의 관심은 여전히 인간의 가슴속에 꿈틀거리고 있다. 근대로 넘어가면서 서양의 고고학자들에게는 성경에 나오는 에덴동산에 대한 발굴과 탐험은 꽤 매력적인 연구 대상이 되었다. 그러나 아직까지 그곳에 대한 발굴이나 증거는 찾아볼 수 없다.

에덴동산 그곳은 어디일까?

우선 성경에 있는 말씀을 토대로 찾아본다면, 네 개의 강과 관련이 깊다.

> "강이 에덴에서 흘러 나와 동산을 적시고 거기서부터 갈라져 네 근원이 되었으니 첫째의 이름은 비손이라 금이 있는 하윌라 온 땅을 둘렀으며 그 땅의 금은 순금이요 그 곳에는 베델리엄과 호마노도 있으며 둘째 강의 이름은 기혼이라 구스 온 땅을 둘렀고 셋째 강의 이름은 힛데겔이라 앗수르 동쪽으로 흘렀으며 넷째 강은 유브라데더라"
>
> (창세기2:10~14)

이 말씀을 토대로 고고학자들이 에덴동산의 위치 및 자취를 찾으려는 시도와 가설들이 존재한다. 그러나 아직까지 명확한 증거로써 학계에서 인정받은 것은 없다. 다만 비교적 최근인 1996년경 미국 나사(NASA)를 통해서 밝혀진 가설이 하나 있다. 그것에 대한 배경은 위성을 통해서 본 네 개의 강 중 하나인 비손강의 줄기를 발견하였던 것이다. 이 강은 쿠웨이트 한가운데를 지나 걸프 만(페르시아 만)까지 이어졌는데 이것을 토대로 새로운 가설이 등장하게 되었다. 이 가설에 따르면, 에덴동산은 기혼, 비손, 힛데겔(티그리스), 유브라데(유프라테스) 4개의 강이 만나는 지점인 걸프 만(페르시아 만) 주변일 가능성이 매우 높다고 한다.

어찌 되었든 하나님께서 아담과 하와를 추방하셨는데, 그곳이 인류의 눈에 쉽게 보인다면 오히려 이상한 것이 아니겠는가!

그러나 하나님께서 허락하시는 새로운 세상이 시작될 때는 에덴동산이 있었던 명확한 위치 및 그곳의 신비는 인류에게 공개될 것이라 믿고 있다.

지상천국

실제의 위치는 내려놓고 아담과 하와 및 그의 후손들이 지속적으로 동경하던 장소는 어디겠는가? 의심의 여지없이 '에덴동산'일 것이다. 너무나 오랜 세월이 흘러 인류는 에덴동산이라는 곳은 갈 수 없는 이상의 나라, 상상의 나라로 여기게 되었다.

인류는 물리적인 환경인 이 지구에서 눈에 보이는 것을 중요시 여길 수밖에 없는 존재였다. "에덴동산을 찾을 수 없다면, 갈 수 없다면, 차라리 만들자!"라는 생각을 했다. 그것의 첫 시도가 '바벨탑의 건설'이라는 사건이다. 이것이 소위 말하는 당대의 사람들에게는 **'지상천국'**이라는 곳이었던 것이다. 현(現)시대에도 인류는 지상천국을 꿈꾸고 있다. 물론 영적인 것이 아닌 물리적인 천국을 의미하지만 말이다.

세상 사람들은 그들의 종교와 상관없이 '천국'이라는 장소를 의식적이든 무의식적이든 바라고 있으며, 실제로 믿고 있다. 불교에서는 인간이 죽으면 환생할 뿐만 아니라 '극락'이라고 하는 천국이 있다고 믿으며, 다양한 지옥의 장소가 존재한다고 믿고 있다. 이슬람교에서도 천국이라고 표현하고 지옥도 존재한다고 믿는다.

물론 당연히 기독교 역시 천국과 지옥을 믿는다. 미국이나 서구의 일부 목회자들은 '사랑의 하나님은 실제로 지옥을 보내지 않는다'는 신학적인 해석과 주장을 통해 지옥을 부정하지만 말이다. 어찌 되었건 천국과 지옥은 실제로 존재하는 곳이라는 것에 대해서는 대부분 인정하고 있을 것이다. 천국과 지옥은 지금까지 전 세계적으로 사후 세계를 다녀온 사람들의 회고록을 통해, 인간의 상상을 통해, 다양한 경로를 통해서 경험한 사람들의 증언으로 묘사되고 있다. 그런데 주님께서는 **"하나님의 나라는 너희 안에 있느니라"**는 말씀을 하심으로써 새로운 시각을 제시하셨다. 천국에 대한 새로운 접근을 하도록 이끌고 있다는 것을 알 수 있다. 생각에 따라서는 이질감까지 느낄 수 있는 발언이다.

"바리새인들이 하나님의 나라가 어느 때에 임하나이까 묻거늘 예수께서 대답하여 이르시되 하나님의 나라는 볼 수 있게 임하는 것이 아니요 또 여기 있다 저기 있다고도 못하리니 하나님의 나라는 너희 안에 있느니라"

(누가복음17:20~21)

'도대체 이건 무슨 말씀인가?'라는 생각이 든다.

인간은 본능적으로 유물론에 집중한다. 그럴 수밖에 없는 것이 현실이다. 실제라는 것은 결국 오감을 통해서 느낄 수 있어야 한다고 생각하기 때문이다. 눈에 보이고 손으로 만져지는 감촉을 통해 느껴져야 실제로 존재한다고 생각하는 것이다. 그러므로 '하나님의 나라'라는 곳도 인간의 관점에서는 장소이다. 존재하는 장소라는 것 역시 인간의 눈으로 볼 수 있고 경험할 수 있어야 한다는 믿음을 가지고 있다는 것이다.

하나님의 나라는 내 안에 있다

지금까지 교회는 하나님의 나라를 두 가지 측면의 관점으로 이해하고 가르쳐 왔다.

첫 번째는 눈에 보이는 실제적인 장소이고 그곳의 주인은 하나님이라는 개념이다. 이 부분이 육의 몸을 입고 있는 인간의 관점으로는 이해하고 믿기가 어렵다. 실제적인 장소이지만, 그 장소는 영혼이 갈 수 있는 곳이며, 육체와 함께 갈 수 있는 곳이 아니라는 것이다. 우리 조상들 역시 사후 세계가 존재한다고 믿었다. 그래서 그곳을 저승이라고 표현했고 자신을 데리러 오는 존재를 저승사자라고 불렀다. 조상들이 본 저승사자는 실제로 죽음의 사자이며, 지옥의 사자라고 할 수 있다.

하나님의 나라, 천국이라고 하는 장소는 영원한 세계이며, 온전한 자들이 들어가는 지극히 높은 차원의 세계라고 할 수 있다. 대부분의 종교에서 주장하듯 천국은 모든 사람들이 들어가는 곳이 아니다. 천국에 대한 묘사를 하거나 들어가는 조건에 대한 서술이 아니기에 여기까지만 논하겠지만, 실제로 천국이나 지옥은 육을 떠난 영혼이 도달하게 되는 영적인 장소라는 것에는 의심의 여지가 없다.

두 번째 하나님의 나라는 '믿음 소망 사랑'이라는 하나님의 진리가 인간의 내면에서 온전히 이루어지는 상태를 말한다. 그 상태는 율법의 최고 단계이며 아버지 하나님께서 온전하신 것처럼 온전함이 이루어지는 삶을 말한다. 물론 이 곳이 영적인 나라임에는 틀림이 없다.

이 나라 역시 하나님이 주인이시며 왕이시고 모든 것이 가능하다. 차이는 우리의 내면에 존재하기에 눈에 보이지 않는다는 것이다. 결국 두 가지 측면의 하나님의 나라는 인간의 눈으로는 볼 수 없는 곳이며, 현재의 삶과 내세의 삶 모두 온전한 사람이 경험하게 되는 나라이다.

예수님께서 하신 말씀은 두 번째 하나님의 나라를 말씀하신 것이다. 그러면 이 하나님의 나라가 내 안에서 이루어지려면 어떻게 해야 하는지를 알아보자.

가난한 마음

우리는 마태복음 5장 3절의 "**심령이 가난한 자는 복이 있나니 천국이 그들의 것임이요**"라는 말씀을 잘 알고 있다. 이 말씀에서도 일차적으로 천국은 사후의 나라만을 의미하지 않는다. 예수 그리스도의 말씀을 통해서 생각해 보면, 마음이 가난한 상태가 천국의 문을 여는 열쇠이다. 그리스도의 말씀을 토대로 천국이 나의 것이 되려면 가장 첫 번째 우리가 해야 할 것은 '심령, 곧 마음이 가난해야 한다는 것'이다.

'마음이 가난하다는 것'은 무엇을 의미할까?

세상에서는 마음이 가난하다는 것을 대부분 부정적으로 생각하고 있다. 예를 들어, 세계적인 대기업 알리바바의 창업자인 마윈은 다음과 같이 말하였다.

"세상에서 같이 일하기 가장 힘든 사람은 마음이 가난한 사람이다."[58]라고 말이다.

그는 이러한 발언을 하는 이유에 대해 다음과 같이 설명한다. "마음이 가난한 사람들은 자유를 주면 '함정'이라고 말하고, 작은 비즈니스를 말하면 '돈을 별로 못 벌 것이다'라고 말하고, 큰 비즈니스를 말하면 '돈이 없다'라고 말한다." 그는 이러한 패턴으로 마음이 가난한 사

---

58. 출처 참고 블로그 https://m.blog.naver.com/liflayer3/222953568813

람들을 가리켜 부정적이고 도전적이지 못하며 패배주의에 갇힌 사람들로 평가한다. 틀린 말은 아니다. 세상은 이러한 측면으로 가난한 마음을 바라보기 때문이다.

그러나 영적으로 가난한 마음은 다른 차원이다. 세상에서 생각하는 가난한 마음과 영적인 가난한 마음과는 속성이 다르다.

많은 교회에서 가난한 마음을 '하나님 앞에서 자신이 죄인이라는 마음, 자신이 부족하다는 겸손한 마음'을 의미한다고 말한다. 이러한 자들은 회개의 삶을 살기에 구원을 얻을 수 있다는 것이다.

이러한 영적인 개념은 기초적이며 기본적인 접근법이다. 그리스도께서 말씀하시려는 것은 여기에서 좀 더 깊게 들어가야 한다. 가난한 마음, 심령이 가난한 것은 '마음을 온전히 비운다는 것'을 의미한다.

생각해 보자!

마음을 비운다는 것의 반대는 마음을 채우는 것이고 가난하다는 것의 반대는 부자라는 것을 생각하면 이해하기 쉬울 것이다. 영적인 것과 육적인 것의 차이는 여기서부터 발생한다. 세상의 논리는 마음을 채워야 하고 마음이 부자여야 하지만, 영적인 세계는 그 반대이다. 하나님의 창조 원리와 인간을 향한 뜻은 세상의 논리와는 사뭇 다르다.

인간은 나이를 먹을수록 세상적인 것들로 마음이 가득 차곤 한다. 주님의 말씀은 이러한 세상적인 것들로 가득한 마음을 비우라는 것이다. 이것은 다른 표현으로 하면 마음이 가난해진다는 것을 의미한다. 내 마음을 비워야 하나님의 은혜와 능력이 들어갈 것이 아니겠는가?

마음이 세상적인 것들로 가득한데, 부자인데, 어떻게 다른 것을 채울 수 있겠는가?

  나이 든 사람과 어린 사람을 비교했을 때 복음 전도가 어느 연령층이 더 쉬울까? 물론 전도는 모든 계층에서 어려운 것은 사실이다. 그럼에도 불구하고 고른다면, 큰 고민 없이 어린 사람이다. 비교적 어린 나이의 청소년들, 젊은이들이 빠르게 복음을 받아들이는 것은 그들의 마음이 아직 가난하다는 것을 증명하고 있다. 다시 말해 순수하고 아직 세상의 때가 묻어 있지 않았다는 것이다. 마음의 순수함은 곧 마음의 비움이며, 마음의 가난함이며, 내려놓음이라고 말할 수 있다.

  예를 하나 들어 보자.

  불교의 교리 중 '진공묘유(眞空妙有)'라는 것이 있다. 이 교리를 직역하면 '진정한 비어 있음에는 오묘함이 있다' 정도로 해석할 수 있다. 불교는 진공과 묘유가 분리되어 있다고 생각하지 않는다고 한다. 진공과 묘유는 곧 하나라는 개념이다. 여기서도 알 수 있듯이 '비움이라는 것은 새로운 것의 채움과 같다는 것'이다. 불교의 이러한 교리가 다소 철학적이고 이해하기 어려울 수 있지만, 복음은 진공묘유를 매우 쉽고 명확하게 말씀하고 있다. '진공'이라는 것은 마음이 가난한 상태이고 '묘유'라는 것은 하나님의 나라, 곧 천국이라고 말할 수 있다. 하나님의 나라는 불가능이 없고 어떠한 고통도 없으며, 그 어떠한 제한도 없기 때문이다.

인간의 마음에는 어떠한 것들이 있을까?

인간의 마음에는 정말 다양한 것들이 있다. 선한 것이든 악한 것이든 무엇인가를 생각하는 것이 있지 않겠는가. 고정 관념을 포함해서 삶 속에서 얻는 많은 종교적, 사회적, 경제적, 의학적인 관념에 대한 받아들임, 갈등과 같은 내적인 생각들이 있다. 게다가 삶을 통해서 경험하게 되는 다양한 생각들, 즐거움을 동반한 생각들, 욕심, 미움, 교만한 생각들, 원망, 애착, 집착, 욕망과 같은 것들이 있다. 이 밖에도 형이하학, 형이상학적인 지식, 인간의 내면과 삶에 대한 가르침 및 그에 따른 관념들, 인간의 즐거움을 위한 오락 및 미디어를 통한 관념들이 홍수같이 넘쳐나고 있다.

'마음을 가난하게 하는 것, 곧 마음을 비운다는 것'은 이러한 육적인 것들, 세상적인 것들을 버린다는 것을 의미하는 것이다.

마음이 가난해질 때, 우리는 하나님과 하나가 될 수 있다. 그때 인간은 모든 것들로부터 자유로워질 수 있다. 마음의 가난함은 우리로 하여금 하나님을 향해서 눈을 돌릴 수 있는 여건을 마련해 주는 것과 같은 것이다. 그분을 바라본다면 하나님을 온전히 깨닫고 알 수 있는 길이 열릴 것이 아니겠는가! 그 길의 열림이 곧 천국이다.

종교가 있든 없든, 많은 사람들은 천국이라는 곳을 우주의 어느 한 공간으로 생각하고 있다. 물론 죽어야 가는 곳이라는 영적인 고정 관념은 세상이 온전히 회복되기 전까지는 바뀌지 않을 것이지만 말이다.

한편 천국이라는 곳, 하나님의 나라는 영적으로 은혜와 축복이 가득한 나라이다.

반면에 하나님의 나라는 세상적인 것들, 인간의 내면에 있는 관념들로는 들어갈 수 없는 곳이다. 모든 것을 내려놓고 비움으로써 하나님 한 분만이 내면에 계실 때, 비로소 우리는 천국에 들어가는 것이다. 이러한 마음이 곧 가난한 마음이다.

기독교 공인 및 국교화로 교회가 제도화되고 정부가 주관하는 상황이 되자 순수한 복음의 속성들이 밀려나기 시작했다. 즉 내 안에 계신 하나님, 내 안의 그리스도, 내 안에 존재하는 하나님의 나라, 곧 천국이라는 보석과 같은 영적인 진리들이 퇴색되고 사라졌다. 대신에 하나님과 인간이 분리되는, 그들 입장에서는 분리되어야 하는 신앙적인 교리 및 관념들이 넘쳐 나게 되었던 것이다.[59] 심판하시는 하나님, 세상에서 선하게 살아야 들어갈 수 있는 천국이라는 개념이 대표적인 영적 가르침으로 자리 잡게 된 것이다. 과거는 과거이고 이제는 내 안에 계신 하나님을 발견하고, 내 안에 있는 모든 배설물들을 치워야 한다. 우리는 그 어느 때보다 이러한 진리를 알고 실천해야 할 시간대에 살고 있다.

---

59. 기독교의 공인 및 국교화는 철저하게 정치와 종교가 결합된 것으로 시작했다. 이것은 박해받던 성도들에게는 기쁨과 안도의 사건이 될 수 있겠지만, 장기적으로 볼 때는 영적인 암흑기의 전조 현상이었다. 선과 악, 순종과 불순종에 대한 교리 및 교의가 교회의 가르침의 대부분이었기 때문이다. 여전히 구약의 하나님, 구약의 율법 및 두려움을 그대로 교회에 들여왔다. 게다가 이방 종교의 내세관이나, 종교적인 도구들까지 끌어들였다. 이러한 측면은 안타까운 상황임에는 틀림없었다. 적어도 그들 역시 최선을 위한 선택이었겠지만 말이다.

21장 그리스도의 사랑

그리스도의 말씀을 직접 귀로 들은 당시 유대인들, 신약 성경을 읽는 모든 독자들, 믿는 성도들에게나 받아들이기 난해한 말씀이라고 할 수 있는 주제는 바로 '원수를 사랑하라'는 것이리라! 예수께서는 악한 자를 대적하지 말라는 말씀을 하시면서, 예상 밖의 방향으로 이끌어 가신다. 우선 레위기 24장 19~20절 말씀을 생각해 보자.

> "사람이 만일 그의 이웃에게 상해를 입혔으면 그가 행한 대로 그에게 행할 것이니 상처에는 상처로, 눈에는 눈으로, 이에는 이로 갚을지라 남에게 상해를 입힌 그대로 그에게 그렇게 할 것이며"
>
> (레위기24:19~20)

이 말씀은 고대 근동의 법 자체가 이러한 방향이라고 하지만, 현대를 살아가는 사람들에게도 상해를 당한 사람이나 가족의 입장에서 생각해 보면 그렇게 이해하기 어려운 율법도 아니고 말씀도 아니다. 그런데 그리스도는 이러한 정당한 보복 행위도 인정하지 않으신다.[60] 다시 말해 '원수를 갚지 말라, 보복하지 말라'는 것이다. 이러한 영적인 권고는 수긍하려는 마음을 가지고 생각하면 어떻게든 받아들일 수 있다. 문제는 그리스도께서 말씀하신 예시이다. 비유가 사실 너무나 받

---

[60]. "또 눈은 눈으로, 이는 이로 갚으라 하였다는 것을 너희가 들었으나 나는 너희에게 이르노니 악한 자를 대적하지 말라 누구든지 네 오른편 뺨을 치거든 왼편도 돌려 대며"(마태복음5:38~39)

아들이기 어려운 수준에 이르기 때문이다. 듣기에 따라서는 '그냥 바보가 되라는 것이군!'이라고 생각할 수밖에 없다.

나를 때리는데, 막기는커녕 때리기 편하게 다른 편을 대라는 것을 어떻게 이해해야 할까? '바보가 되지 않고서 어떻게 그럴 수 있는가!'라는 생각을 하게 된다. 어떻게 다른 뺨을 내어 줄 수 있는가 말이다. 황당한 예시는 여기서 멈추지 않는다.

> "또 너를 고발하여 속옷을 가지고자 하는 자에게 겉옷까지도 가지게 하며 또 누구든지 너로 억지로 오 리를 가게 하거든 그 사람과 십 리를 동행하고 네게 구하는 자에게 주며 네게 꾸고자 하는 자에게 거절하지 말라"
>
> (마태복음5:40~42)

속옷을 달라는 사람에게 속옷만 주면 되지, 왜 겉옷까지 주란 말인가? 억지로 5리를 가게 했다면, 그것으로 끝난 것이지, 왜 10리까지 같이 동행해야 하는가? 말이다.

왜, 거절하면 안 되는 것일까?

예시에 대한 텍스트만 본다면 '인간의 한계를 넘어서라'라는 말씀으로 들린다. 생각해 보자! 타인이 나에게 뺨을 때렸다고 가정해 본다. 대부분의 사람들은 욕을 하거나 똑같이 행동할 것이다. 어떤 사람은 뺨이 아니라 주먹이나 발차기를 할 사람도 있지 않을까!

반면에 인격이나 인성이 좋은 사람은 바로 반격은 하지 않더라도 때린 이유를 물어볼 것이다. 그러나 폭행을 한 사람이 이유도 말하지 않고 또 때리겠다고 하면 반대편을 대는 사람이 세상에 존재하겠는가? 사실 주님께서 말씀하신 것은 순종의 마음으로 듣고 결단한다 해도 실제 행하기 어렵다. 예기치 않게 그러한 상황을 만나게 되면 누가 이 말씀대로 행할 수 있을까? 누구도 자신할 수 없을 것이다.

'돈을 꾸어 주는 것'은 생각에 따라서 그렇게 황당한 부분은 아니다. 그러나 돈을 빌려주는 것 역시 받을 수 있다는 신뢰 속에서 이루어지는 것이다. 물론 돈을 되돌려 받으려는 의도 없이 주는 경우도 있지만 말이다. 갚을 능력이나 신뢰가 없는 사람에게 돈을 꾸어 주는 것 역시 불가능에 가까운 말씀이다.

결국 그리스도의 말씀은 인간의 이성과 한계를 뛰어넘는 것이다. 요구하는 것을 들어주는 일 자체가 어려운데, 요구하지 않은 부분까지 덤으로 해 주라는 것은 도대체 무슨 의미일까?

순종하려는 적극적인 마음으로 생각해 보아도 어려운 것은 사실이다. 그러나 인간이 '실천할 수 없는 이러한 불가능을 그리스도께서는 왜 말씀하신 것일까?'라는 생각을 해야 한다.

온전함

우리는 '그 근본적인 목적이자 이유는 무엇일까?'라는 의문이 든다. 이에 대한 답은 말씀에서 찾을 수 있다. 그 말씀은 다음과 같다.

"그러므로 하늘에 계신 너희 아버지의 온전하심과 같이 너희도 온전하라"

(마태복음5:48)

그리스도께서 이처럼 말씀하신 이유를 찾는다면 '인간의 온전함'을 위한 것이다. 말씀의 본질은 **'온전함'**이기에 그러하다. 우리는 오랜 기간, 어쩌면 평생을 교회에 출석하지만 그리스도의 가르침에 대한 목적과 본질을 알지 못하는 경우가 생각보다 많다. 성도인 우리가 성취는 못 할지언정 적어도 그 목적은 알아야 하지 않겠는가?

사람들은 보통 그리스도의 가르침을 '구원'이라는 것에 초점을 맞추고 있다. 이 구원은 **'천국에 갈 것인가, 지옥에 갈 것인가?'**라는 것을 말하고 있다. 물론 틀리지 않다. 문제는 이 구원이라는 것이 너무나 피상적인 것에 머물러 있다는 것이다.

당신은 구원받았는가?

대다수의 영적인 사고 및 수준은 **'나는 그리스도를 믿으니까, 구원받았다'**에서 머물고 있다. 이러한 사고는 여전히 육적인 측면에서 벗어나지 못하고 있다는 반증이기도 하다. 물론 이러한 것이 인간의 한계이고 오류라는 것을 인정하지만 말이다.

몇 가지 질문을 해 보겠다. 당신의 내면을 점검해 보기를 바란다.

매주 예배를 드리면 천국에 가는 것인가?
만일 당신의 생각과 내면이 이러한 수준에서 머물러 있다면 교회에 갈 필요는 없다. 시간 낭비에 불과하며, 의미가 없기 때문이다.

당신은 십일조와 헌금을 드리므로 크리스천이라고 생각하는가?
만일 당신의 내면이 이러한 수준에 머물러 있다면 아무것도 드릴 필요가 없다. 돈 낭비이며, 의미가 없기 때문이다.

누군가의 사랑을 받는 것에 만족하고 있는가?
만일 당신이 사랑받는 것에 만족하고 살고 있다면, 그 사랑을 거부하길 바란다. 오히려 그 사랑은 당신에게 영적으로 독이기 때문이다.

당신이 앞서 언급한 다소 도발적인 세 가지 질문 중 한 가지라도 속해 있다면 "만일 누가 아무 것도 되지 못하고 된 줄로 생각하면 스스로 속임이라"(갈라디아서6:3)는 것과 같다. 즉 허상의 존재에 불과하다는 것이다.

간단한 세 가지의 질문이지만 이 질문을 통해 물어보는 것은 무엇이겠는가? 예배를 드리는 것에 의존하고 그 예배로 구원을 받는다는 영적인 관념은 믿음이 없는 것이다. 예배는 하나님을 믿는 사람이라면 누가 시키지 않아도, 누가 막는다 해도 드리는 것이다. 그러므로 예배는 자발적이고 내가 주체가 되어 하나님께 감사의 행위를 하는 것과 같다. 그 예배가 구원을 위한 목적이라면, 이미 그 예배자는 허상의 존재인 '기복신앙인'[61]에 불과하다.

헌금도 같은 이치이다. 구원받으려고 헌금을 드린다면, 그는 헌금 곧 자신이 가지고 있는 돈의 힘에 의지하는 사람이다. 돈이 나에게 축복을 주고 돈이 나를 구원한다는 것을 말한다. 그가 믿는 존재는 '돈'이다. 그러나 그리스도를 믿는 사람이라면, 하나님의 것을 하나님께 드리는 것은 당연한 것이며, 자신의 삶에 대한 감사를 헌금으로 표현하는 것 또한 당연한 것이다. 헌금을 드린다는 이유로 칭찬을 받든 비난을 받든 상관없이 자신이 주체가 되어 자발적으로 헌금을 드리는 행위가 되어야 한다.

마지막 질문인 사랑을 받는 것에 만족한다면, '나는 사랑을 받는 것에 갈급한 사람이라는 것'을 스스로 증명하고 있는 것이다. 타인이 주는 사랑 없이는 살 수 없을 만큼 수동적이고 가련한 사람이라는 것이다. 타인의 사랑으로만 살아야 할 만큼 그렇게 자신이 하찮은 존재인가? 그리스도인은 사랑을 나눠 주고 아낌없이 베푸는 사람이다.

사랑은 내가 내어 주는 것을 통해서 받게 되는 것이다. 내가 주체가

---

61. 기복(祈福)을 구하는 자이다. 신앙은 복을 구하는 것이 아니다. 이미 그 복은 우리 안에 내재되어 있다. 하나님께서 모든 사람에게 주신 은혜이다. 다만 그 복을 깨우고 누리는 것은 자신의 믿음에 달려 있다. 하나님이 나의 모든 주체의 근본이시라는 믿음을 가진 사람이 진정한 신앙인이다. 하나님을 복을 구하기 위한 존재로 보는 관념이나 영적인 방향은 우상 숭배에 가깝다.

되어서 사랑을 나누고 전하는 것이다. 내가 주체가 되어 나가는 사랑은 몇 배 몇백 배로 돌아오는 것이 하나님의 창조 원리이자 영적인 법칙이다.

삶의 주체가 되어라

지금까지 필자가 무엇을 이야기하려고 하는 것이겠는가? 모든 행위의 주체는 바로 '나'라는 것이다. 모든 것을 책임질 수 있는 존재도 바로 '나'라는 것이다. 노예처럼 끌려가고 지시한 것만 따르는 것이 아니라, 내 삶의 주체가 바로 '나'라는 것을 말한다. 삶을 책임지지 못하는 사람은 영적인 노예에 불과하기 때문이다.

그리스도께서 예시로 든 것들은 비록 인간이 겪어서는 안 될 부정적인 상황이지만, 이러한 상황 속에서도 노예가 아닌 주체적인 생각과 말과 행동을 하라는 것임을 우리는 깨달아야 한다. 5리를 같이 가면 요구에 응한 사람밖에는 되지 않는다. 그러나 10리까지 기꺼이 동행해 주는 것은 내가 주도한 자발적인 행위이며, 진정한 호의라고 할 수 있다. 이것이 그리스도께서 하신 말씀의 목적이자 본질 중 첫 번째이다. 그러므로 노예처럼 끌려 다니는 수동적인 삶이 아니라, 내가 삶을 주도하는 적극적인 삶을 살아가라고 말씀하고 계신다.

허상의 존재는 사실 영적으로 죽어 있는 존재이다. 허상의 존재는 영적인 에너지가 없기에 행함이 없다.

영적인 에너지를 충만히 하라

그리스도께서 어려운 예시를 통해서 하신 말씀의 두 번째 본질은 무엇일까? 그 질문은 다시금 '영적인 에너지는 무엇일까?'라고 수정할 수 있다. 그것은 '사랑'이다.

우리가 가지고 있는 '사랑'에 대한 이해의 수준은 어느 정도일까? 물론 고린도전서 13장을 통해서 알 수 있는 사랑에 대한 여러 가지 가르침이 있지만, 읽어 본다고 해도 사랑이라는 것이 나에게 온전하게 이해되거나 활성화되는 것은 아니다. 왜냐하면 사랑은 너무나 추상적이고 영적인 것으로 눈에 보이지 않기 때문이다. 우리가 사랑이라고 이해하는 것은 남녀 간의 에로스적인 사랑, 부부간의 사랑, 부모와 자녀 간의 사랑, 친밀한 관계 속에 있는 사랑에 머물고 있다. 사실 지금 열거한 것도 인간에게는 쉽지 않은 사랑의 영역이지만 말이다. 인간이 느끼고 실재하고 있다는 영역에서 행하는 사랑도 쉽지 않은데, 그리스도께서는 아예 숨조차 쉴 수 없을 정도로 압박을 하는 모습이다. 인간의 수준에서 볼 때, 불가능에 가깝기 때문이다. 그렇지만 이것이 정말 우리에게는 불가능하고 고민조차 할 필요가 없는 말씀일까? 우리가 불가능하다고 단정하고 마음 편하게 잊고 산다면 믿음의 영역을 다시금 점검해 보아야 한다.

다음과 같은 영적인 명제가 있다. '믿음에는 불가능이 없다.' 이 명제는 참인가, 아니면 거짓일까?

교회에 출석하는 사람이나 믿음을 가지고 있는 사람이라면 '참'이라고 답할 것이다. 그렇다면 이 부분에서 우리가 인정해야 하는 부분은 원래 불가능하기에 믿음이 필요하다는 것이다. 동의하는가?

누구나 각자 소망을 가지고 있다. 다양한 소망들을 이루어 보고 경험해 보았으며, 앞으로도 그 소망의 성취를 기다리고 있을 것이다. 소망이 쉽게 이루어질 수 있는 것이라면 그것이 소망이겠는가? 시간이 지나면 자연스럽게 성취되는 것이라면 그것은 소망이 아니다.

우리가 세상을 통해 물리적으로, 통상적으로 생각해 보면 믿음은 허상이다. 소망을 이룬다는 것 역시 이성적인 것을 넘으면 그것 역시 허상이다. 그럼에도 불구하고 그러한 것을 초월하여 믿음을 가지고 소망을 이룬 사람들은 세상 곳곳에 존재하고 있음이 역사적으로 증명되고 있다. 그러므로 "믿는 자에게는 능치 못할 일이 없느니라"(마가복음9:23)라는 그리스도의 말씀은 소망뿐만 아니라 우리의 삶에서 벌어지는 다양한 상황 속에서 겪는 사랑의 실천에서도 적용되어야 한다.

주님께서 다양한 예로써 가르치신 "원수를 사랑하라"는 말씀 역시 믿음의 차원이며 믿음의 문제이다. 사랑의 실천은 좋든 싫든 받아들여야 한다는 결론에 도달하는 것이다.

한계가 없는 사랑

지금까지 논거한 관점에서 주님께서 말씀하시려는 '사랑에 대한 본질적인 것'을 생각해 보자! 물론 이 사랑은 인간이 도달할 수준의 최고의 단계를 말씀하고 있다고 할 것이다.

앞에서도 언급했지만, 인간이 쉽게 하는 사랑은 에로스적인 사랑이다. 에로스는 그리스 신화에 등장하는 '연정, 성애의 신'으로 알려져 있다. 이 사랑은 감각적이고 눈에 보이는 단순한 사랑이다. 여기에는 사람, 쾌락, 물질을 가지고 싶은 욕망과 같은 것들을 포함한다. 이 에로스적인 사랑이 사랑이라는 관념의 가장 기본이자 낮은 단계라고 할 수 있다. 보수적으로 생각해 보면 많은 사람들이 이 단계에서 머물고 있을 것이다.

여기서 좀 더 성장한 사람들은 이성적이고 윤리, 도덕적이며, 품위 있는 사랑으로 들어간 사람들이다. 이 단계는 세상에서 말하는 교육과 신앙 교육을 통해 가능하다고 여겨진다. 차이는 있겠지만 대부분의 사람들이 여기에 해당된다. 그런데 세상이 마지막 때로 향하면서 이 기본적인 단계의 사람들조차도 지금은 쉽게 찾아보기 어려운 것이 현실이다. 그러나 유감스럽게도 그리스도의 말씀의 단계는 이 영역이 아니다. 이 영역을 훨씬 초월한 단계를 말씀하고 계신다.

수학에서 '절댓값'이라는 개념이 있다. 중학 수학의 수준에서 말해 본다면 수직선 위에서 '0'에 대응하는 점이 있다. 그리고 '어떤 수'에 대응하는 점이 있다. 그 사이의 거리를 그 수의 절댓값이라 한다. 기호는 '| |'를 사용하여 나타낸다. 그러므로 절댓값은 항상 '0이거나 양수'를 말하는 것이 당연하다. 그리스도께서 말씀하신 사랑이라는 개념

은 절댓값이라는 수학의 개념으로 이해할 수 있다.

이 사랑이라는 절댓값으로 들어갔을 때 나오는 것은 허상이 아닌 오직 실상뿐이다. 이것을 다르게 표현한다면 모든 것의 허용이고 용납이며 가능이라는 것이다. 한마디로 표현하면 '무조건적인 것'이다. 그러므로 그리스도의 사랑은 무조건적이다. 그리스도의 사랑은 '무조건적인 사랑, 한계를 정할 수 없는 사랑'이다.

반면에 인간이 하는 사랑은 조건적인 사랑이다. 이러한 사랑은 관념 속에서 배워 왔으며, 그렇게 살아왔다. 한편 삶 역시 조건적으로 경험하고 있다. 학교를 입학하는 것부터 졸업하는 것, 입사하는 것까지 우리는 이러저러한 조건에 맞추어야 하는 삶을 살아왔다. 이것이 악하거나 오류라는 것은 아니다. 그러나 이 조건적인 것이 인간의 믿음으로 자리 잡게 되었다는 것은 매우 유감스러운 일이다. 이 허상의 믿음 때문에 태산을 움직이는 능력이 나오지 않는 것이며, 이것 때문에 사랑 역시 조건적일 수밖에 없는 것이다. 그러므로 당연히 그리스도의 말씀은 받아들여질 수 없는 것이라는 결론에 이르게 된다.

삶을 허용하라

나 스스로가 하나님의 능력이 오는 것을 허용해야, 나를 통해 능력이 나오지 않겠는가? 그런데 나는 내면의 문을 굳게 닫고 삶을 허용하지 않으면서 하나님의 능력을 기대하고 있다.

한편 나는 하나님의 기적을 믿지 않으면서 그 기적을 바라고 있다. 내가 바라보는 것 역시 똑같이 적용된다. 내가 제한을 바라보고 불가능을 바라보는데 어떻게 가능이 나올 수 있겠는가? 무능력을 바라보는데, 어찌 능력이 나올 수 있겠는가? 믿음이나 사랑 역시 모든 것이 가능하다는 것을 아는 것이다. 그것은 용납이고 허용이며, 받아들임이라고 할 수 있다. 그런데 사람들은 이중적인 생각을 하며 조건적이 되고 만다.

나에게 유익한 것은 무조건적인 것을 택하고 나에게 유익하지 않은 것은 조건적인 것을 택한다는 것이다. 수만, 수백만을 쌓아 본들 무엇 하겠는가? 마지막에 '0'을 곱해 버리는 결과를 만들게 되는 것이다. '기독교의 딜레마'가 바로 이것이다. 주옥같은 영적인 지식과 원리를 배우고 아름다운 찬양곡을 연주하고 부르고 웅장한 예배당의 건물에 들어가 예배를 드린다고 해도, 이 딜레마에서 벗어날 길이 없다. 외형은 외형에서 머물고 만다. 나의 내면이 여전히 조건적이라면 허상을 불러올 수밖에 없다. 아무런 능력도 의미도 없기 때문이다. 그러므로 우리는 삶 속에서 겪는 모든 것들을 판단하지 말아야 한다. 판단함으로써 나는 조건적인 것을 바라보게 될 것이다. 사랑하는 것은 허용하는 것이고 사랑하지 않는 것은 허용하지 않는 것과 같다. 사랑하는 것은 용납하는 것이며 받아들이는 것이고, 사랑하지 않는 것은 반대로 저항하는 것이다. 이것은 믿음의 영역과 정확히 일치한다. 두 마음을 품는 것은 사랑도 아니고 믿음도 아닌 것이다.

"오직 믿음으로 구하고 조금도 의심하지 말라 의심하는 자는 마치 바람에 밀려 요동하는 바다 물결 같으니 이런 사람은 무엇이든지 주께 얻기를 생각하지 말라 두 마음을 품어 모든 일에 정함이 없는 자로다"

(야고보서1:6~8)

기준에서 벗어나라

내가 정한 기준, 타인들이 정한 기준, 세상이 정한 기준에서 벗어나라! 이러한 기준에 나를 맞추면, 나는 사랑도 믿음도 소망도 아무것도 이룰 수 없다. 나의 기준에 맞는 영역에서의 사랑은 자기애에 불과하다. 그것은 사랑이 아니다. 나의 안목과 기준, 세상의 기준에 맞는 영역에서의 믿음 역시 믿음이 아니다. 허상에 불과하다. 그러한 내면을 가진 사람은 허상의 존재가 될 것이다. '모든 것을 함께하고 이해하고 용서하며, 공감하며 받아들임' 그것의 본질이 사랑이다. 그 사랑이 바로 '그리스도의 사랑'인 것이다.

사랑은 차별이 없다. 사랑은 모든 것을 받아들이며 허용한다. 사랑은 모든 것이 가능하다. 사랑은 모든 것을 기쁨으로 변화시킨다. 이것이 곧 사랑이며 '절대선'이라고 할 수 있다.

사랑하는 독자들이여!

영적인 노예는 아무것도 이룰 수 없다. 시켜서 하는 것은 항상 그 한계선이 정해져 있다. 영과 육의 열매는 자유인이 맺는 것이다. 노예는 열매가 없다. 노예가 거둔 열매는 주인의 것이기 때문이다.

여러 조건으로 사랑을 하는 사람은 그 조건에 의해 자기 자신이 존재한다고 믿는 것과 같다. 그러한 제한과 자기 판단은 '나는 아무것도 할 수 없다!'는 것을 선포하는 것과 같다. 스스로 자신을 그림자로 만들 뿐이다.

진정한 자유인은 사랑을 받는 사람이 아니라 사랑을 주는 사람이다. 그러한 사람이 하나님과 같이 온전한 존재가 되는 것이다.

22장 나는 왜 살아가야 하는가

당신은 '나는 왜 살아가야 하는가?'라는 내적 질문을 해 본 적이 있는가? 그에 대한 답은 개인에 따라 매우 다양하게 출력될 것이다.

'태어났으니까 사는 것이지, 이 세상이 뭐 그리 좋아서 살겠는가?'라고 생각하는 사람도 많을 것이다. 이러한 냉소적인 답도 그 내면에는 '무엇인가 중요한 것이 있다'라고 믿고 싶은 소망이 있기에 나오는 것일 수 있다.

현실적이든 철학적이든 신앙적이든, 누구나 나름의 진정성 있는 명분을 가진 대답들을 하겠지만 이 물음에 대한 진리의 답은 그렇게 쉽게 찾을 수 없을 것이다. 그리고 그 답을 듣는다고 해도 받아들이기는 어렵다. 모든 종교가 이 질문에 대한 답을 찾기 위해 존재한다고 해도 과언이 아니다. 그렇지 않겠는가?

우리에게 이 질문에 대한 답을 구하기 전에 먼저 선행되어야 하는 것이 있다. 그것은 **'삶이라는 것은 무엇인가?'**에 대한 온전한 앎의 문제이다. 삶이라는 것이 어떤 것인지를 알아야 살아야 할 이유든 명분을 가질 것이 아니겠는가? 삶의 이유와 명분을 소유한 사람은 '어떻게 살 것인가?'에 대한 방법론과 그에 대한 삶의 초점이 맞추어진다. 이것이 순서이다.

모든 삶의 문제 및 진리에 접근하는 방법, 지식을 알아 가는 법 역시

이 순서를 따르는 것이 최선이다. 영어로 표현하는 것이 좀 더 명확한 것 같다. 'What→Why→How'

인간에게 있어서 삶이라는 것은 무엇일까?

인간의 삶에 대해 있는 그대로 표현해 보자! 삶이라는 것은 도대체 무엇일까? 염세적으로 다가올지 모르지만, 삶이라는 것은 고난이자 고통이며 그것의 연속이다. 너무 부정적인 것 같은가? 아니다. 이것이 인간 삶의 실제이다.

지금 이 시간에도 세상 곳곳에서는 육체의 병으로, 과도한 업무량, 경제적인 궁핍, 사회적인 병폐, 참혹한 전쟁, 기후의 재앙, 예기치 못한 갈등, 사건이나 사고 등으로 인해 고통 받는 사람들이 헤아릴 수 없을 만큼 많다. 이것이 우리가 사는 세상의 모습이다.

시편 기자의 고백은 한 개인의 주관적인 것만은 아닐 것이다. 다음은 모세가 하나님께 기도한 내용이다.

"우리의 연수가 칠십이요 강건하면 팔십이라도 그 연수의 자랑은 수고와 슬픔뿐이요 신속히 가니 우리가 날아가나이다"

(시편90:10)

한마디로 말한다면 '우리 인간은 사는 것 자체가 고통인데, 거기에 하나님의 징벌까지 어떻게 견디며 살아갈 것인가?' 라는 절규에 가까운 기도라고 할 수 있다. 그러니 결국 '부디 긍휼을 베푸소서'라는 호소의 기도이다.

  삶은 바라보는 관점이 어떠하든 수고롭고 슬프다는 것은 부정할 수 없는 사실이며 현실이다. 50대 이상 사람들에게 자신의 건강 상태를 물어본다면 하나의 목소리로 귀결될 것이다. 작든 크든 어떠한 문제가 있는 것은 자명한 사실이다. 나이가 들어 갈수록 몸은 약해지기 때문이다.
  이번에는 욥의 기도를 한번 들어 보자.

> "여인에게서 태어난 사람은 생애가 짧고 걱정이 가득하며 그는 꽃과 같이 자라나서 시들며 그림자 같이 지나가며 머물지 아니하거늘"
>
> (욥기14:1~2)

  꽃이 피어나면 아름답지만, 시들면 그것처럼 추한 것도 없다. 인간이 바로 이러하다는 것이다. 꽃은 피어나고 져도 내년에 다시 꽃을 피우지만 적어도 노년으로 향하는 인간의 몸은 젊은 시절의 몸 상태로 회복되지 않는다. 잠깐의 회복은 있겠지만 결과적으로 영생을 경험하는 사람에 대한 것을 보고 들은 적이 없다. 물론 세상 어딘가에는 말 그대로 영생을 누리는 사람들이 존재할지 모르지만 말이다. 적어도 공식적으로 인정받은 '지속적인 육체의 회복'은 일어나지 않는다. 그리고 중요한 것은 외적으로 보이는 삶 역시 인간의 모습과 비례하다는 것이다. 종합 병원에 가보면 노인들이 많다. 어느 병원이나 마찬가지겠지만 말이다. 이유는 무엇이겠는가?

늙으면 몸이 여기저기 안 좋다. 그러므로 소수의 사람들을 제외하면 인간은 늙으면 사회적인 활동보다는 자신의 몸 관리와 크고 작은 병에 대한 치료에 대부분의 시간을 소모해 버릴 수밖에 없다. 누구도 예외일 수 없다. 이것은 불편한 진실이다. 다소 부정적인 측면으로 삶을 바라보고 있지만, 지금까지 우리가 알 수 있는 인간의 삶이라는 것은 수고와 슬픔, 고통이라는 연속선상에서 살아간다고 할 수 있다. 자신의 성장 배경과 가정환경, 자기계발에 따라서 차이는 있겠지만 큰 틀에서 보면 모든 인간은 비슷하다.

그러면 반대로 한번 생각해 보자!

여러분은 지금까지 살면서 기쁘고, 즐겁고 행복했던 시간들이 얼마나 있었는가? 인지하든 인지하지 못하든, 모든 인간은 행복하고 기뻤던 시간들이 있었다. 시험 합격, 원하는 직장의 입사, 좋은 친구들과의 교제의 시간들, 연인을 만나서 데이트했던 시간들, 갖고 싶었던 것을 선물로 받고 기쁘고 즐거워했던 시간들, 맛있는 음식을 먹을 때의 포만감 등 이보다도 훨씬 많겠지만 인간이 느끼기에 너무나 짧게 느껴진다. 어찌 보면 순간이라고 할 수 있다. 이러한 인간의 내면에 대해 모세는 우리가 날아간다고 표현한 것이고 욥은 그림자같이 지나간다고 표현한 것이다. 그러나 아이러니하게도 인간의 슬픔이나 고통은 그렇게 날아가고 지나가지 않는 것 같다. 대부분 기쁨과 행복의 시간이 지나면, 시련과 역경, 슬픔, 분노, 실망과 같은 고통의 시간들이 어김없이 찾아온다. 그래서 뒤돌아보면 분명 좋은 시간들은 있었는데, 좋지 않은 시간들도 많았던 것처럼 느껴지는 것이다.

　마음 같아선 지속적인 만족감, 기쁨만을 경험하고 싶은 소망이 있지 않겠는가? 몸과 마음이 언제나 20대 같은 젊음을 유지하고 살아간다면 얼마나 좋을까? 세상에 사는 모든 사람들이 이타적이고 마음이 따뜻하고 선한 사람들이라면 얼마나 천국같이 좋을까? 그러나 우리가 사는 이 세상은 그렇지 않다. 만족스럽다가도 불만족스럽고, 기쁘다 싶으면 슬픈 일이 생기고, 편안하다가도 답답하고, 힘들고 번거로운 일들이 닥쳐온다. 마음은 늙지 않는데 몸은 계속해서 늙어 가는 것이 현실이다. 이타적인 사람들 보다는 이기적인 사람들이 세상에 훨씬 많아 보인다. 봄날의 포근하고 기분 좋은 날씨를 경험하다가도 천둥번개와 비바람이 몰아치고 혹한기가 찾아오고야 만다. 어쩌면 우리가 사는 이 세상은 **천국의 빛과 지옥의 불**이 모두 공존하는 곳이라는 생각을 하게 된다.

인간은 도대체 왜 이러한 환경과 운명 속에서 살아야 하는 걸까?

　이러한 내면을 향한 질문은 '인간은 무엇을 위해서 살아야 하는 것일까?'라는 것으로 대체될 수 있다.
　결론부터 말하자면, '인간은 배우기 위해서 살아가는 것'이다. 이 '인생길의 여정' 속에서, 우리에게 필요한 것은 다름 아닌 '배움'이다.

그것은 많은 시행착오와 사람들을 통해서 얻는 경험이고, 깨달음이고, 삶에 대한 앎이며, 그러한 삶을 통해서 얻는 지혜이다.

이 배움을 위해서 우리는 기쁨과 슬픔, 고통, 어려움 등을 경험하는 것이다. 성공을 통해서, 때로는 실패를 통해서, 우리는 배울 수 있다. 그러므로 성공이 초점이 아니다. 중요한 것은 그들을 통해서 배우는 것이다. 인내를 배우고, 사랑을 배우고, 희생을 배우고, 정의를 배우고, 지혜를 배우는 것이다. 궁극적으로 인간이 살아가는 이유는 삶이라는 것을 경험하기 위함이라는 결론에 이른다.

많은 사람이 착각하는 것이 하나 있다. 천국에 가면 매일 놀고, 먹고 마시고, 기쁘게 산다고 생각하는 관념이다. 그러나 그러한 생각은 오해다. 천국은 낮은 의식을 소유한 사람들은 들어갈 수 없는 곳이다. 그리스도를 믿는 믿음은 매우 높은 의식 수준을 갖추어야 하기 때문이다. 이것을 다르게 표현한다면 다음과 같다. '이타적이고, 사랑이 충만하며, 공의롭고, 지혜로우며, 하나님과 하나가 된 온전한 사람들이 들어가는 곳'이다. 지상의 삶에서 아무것도 배우지 않고, 낮은 의식 수준에서 벗어나지 못한 사람들이 과연 천국에서 적응할 수 있겠는가! 다시 말해 이기적인 사람들, 사랑을 받으려고만 하는 사람들, 거룩은 찾아볼 수 없는 사람들, 무례함이 몸에 밴 사람들, 무지한 사람들, 지혜가 없는 미련함 속에서 하나님과 분리된 사람들은 결코 천국에 들어갈 수 없다. 그들은 스스로 천국을 거부할 것이다. 그곳의 삶을 견딜 수 없기 때문이다. 그러므로 세상은 천국이라는 영원한 나라에 들어가서 살 수 있도록 기본적인 소양을 갖추고 사랑과 공의를 배우고 경험하는 곳이라고 말할 수 있는 것이다.

인간은 어떠한 경로로 배움을 얻게 되는 것일까?

우리가 배우게 되는 경로는 주변의 사람들로부터 얻을 수 있다. 인간은 학연, 지연, 혈연, 영적으로 연합된 관계, 어떤 경로로든 만나는 사람들이 있다. 이러한 사람들로부터 우리는 다양한 것들을 얻게 된다. 어떤 사람들은 애정을 느끼게 되고 만나서 대화를 나누고 싶은 사람들이 있다. 만나면 영적이든 육적이든 무엇인가를 얻게 되는 사람들이 있다.

한편 어떤 사람들은 마주 보는 것조차도 싫은 사람들이 있다. 만나면 불쾌하고 비호감을 느끼게 하는 사람들도 있다. 이처럼 사람들을 통해서 얻는 것은 생각보다 많다. 그것은 그들을 통해서 얻는 교훈이자 배움이 있기 때문이다.

의식 수준이 낮은 사람을 만나서 대화해 보고, 그들의 삶을 들어 보면, '아 저렇게 살면 안 되겠구나! 저런 삶은 참으로 미련한 삶이지!'라는 생각을 하게 된다. 여기서 중요한 것은 무엇이겠는가? '배움'이다. 그 배움은 편안히 앉아서 듣는 세미나가 아닌, 실제 사람을 통해서 얻는 생생한 교훈이다. 이것은 매우 중요한 영적인 원리이자 지혜이다.

대부분의 사람들은 낮은 인격과 삶의 모습들을 보면서, 불쾌함만을 얻는 것에서 멈추어 버린다. 나쁜 감정을 얻은 것으로, 고통을 느끼는 것에서 멈추어 버린다. 그러나 그럴 이유가 없다. 그들을 통해서 우리는 귀한 삶의 지혜를 얻을 수 있다. 대부분의 사람들은 인복(人福)이라는 것이 중요하다고 믿고 있다. 이왕이면 나한테 도움이 되는 귀인들이 많으면 얼마나 좋겠는가!

다만 한 가지 오해하는 사실은 귀인에 대한 관념이다. 귀인은 기다리는 것이 아니라 '내가 그를 통해서 얻는 교훈, 지혜가 있는가? 없는가?'에 달려 있다. 이것을 아는 사람이 귀인을 만나며, 인복이 있는 사람이라고 할 수 있다. 이러한 원리를 모르는 사람은 인복이 없음을 한탄하지만 사실 그는 배우려고 하지 않기에 귀인이 없는 것이다. 나에게 귀인은 누구도 아닌, 나 자신의 태도 및 인식의 방법에 달려 있다. 내가 상대방에게 귀인이 되도록 인격과 삶의 지혜 및 진리에 거해야 한다. 그러한 사람이 귀인을 만나게 될 것이다. 삶의 교훈 및 지혜는 지혜로운 사람들로부터만 얻는 것은 아니다. 다만 다소 어려운 점은 미련한 사람에게서 교훈 및 지혜를 얻는 과정 속에서 감수해야 할 불편함, 때로는 자기를 부인해야 하는 과제가 기다리고 있다는 점이다.

흔히들 가정교육이 가장 중요하다고 말한다. 실제로 인간이 태어나서 가치관 형성 및 인격 형성에 지대한 영향을 미치는 존재는 가족이기에 그러하다. 특히나 부모는 절대적이라고 할 수 있다. 많은 사람들이 금수저니 은수저니 하는 소리들을 하지만, 부자인 부모로부터 양육을 받았다고 해도 그 부모로부터 삶의 교훈 및 지혜를 스스로 얻지 못한 사람은 수저 자체를 받지 못한 사람보다 더 못한 삶을 살아갈 수 있다. 필자는 '스스로'라는 표현을 사용했다. 이것은 매우 중요한 원리이다.

세상 모든 사람은 지혜로운 부모이든, 미련한 부모이든, 그 부모가 부자이든, 가난하든, 배울 것은 충분하다. 지혜로운 부모에게서 자란 사람은 부모로부터 그 지혜를 얻어야 한다. 미련한 부모로부터 자란 사람은 그 미련함을 보고 반대의 지혜로움을 얻어야 한다. 부자인 부모로부터 자란 사람은 그 부모가 부자인 이유와 삶의 방법론을 자기 것으로 만들어야 한다. 그렇지 않으면 그 '부요함'이 지속적으로 자신에게 머물지 않는다. 같은 이치로 가난한 부모에게서 자란 사람도 마찬가지이다. '왜 가난한지', '그 가난에서 벗어날 방법은 무엇인지'는 그 부모가 해답을 가지고 있다. 그들을 통해서 알 수 있을 것이다. 그러므로 중요한 것은 '배워서 내 것으로 만드는 것', 이것이 바로 중요한 영적 원리라고 할 수 있다. 이것은 곧 삶의 원리이며, 창조 원리이고 인간을 향한 하나님의 뜻이기도 하다.

두 번째 배움은 다양한 삶의 경험들을 통해서 얻는 것

성공한 경험이나 실패한 경험 모두 우리에게는 그에 맞는 교훈과 지혜를 얻을 수 있는 도구가 된다. 삶이라는 여정 속에서 얻는 행복한 경험, 기쁘고 즐거운 경험들이 있다. 그러한 경험들은 하나님의 창조 원리를 잘 사용한 결과로서, 말씀에 순종한 결과로서, 믿음으로 붙잡은 결과로서, 얻은 열매를 먹는 것이라고 할 수 있다. 이때 우리는 행복한 감정과 기쁨을 누리게 된다. 그러나 비록 실패한 경험, 생각하고 싶지 않은 충격과 슬픔의 경험이라도 우리는 그것들을 통해 교훈과 지혜, 사랑을 배울 수 있다. 오히려 나 자신을 더욱 발전시킬 수 있는 요소가 되기 때문이다. 우리는 다음과 같은 내적인 생각을 할 수 있을 것이다. '아, 그때 나만 생각했구나! 그때 좀 더 그 사람 입장에서 생각했어야 했는데!', '하나님께 의뢰하고 기도했어야 했는데!'라는 생각을 하게 되는 것이다. 그러한 시행착오를 통해 이타적인 삶의 자세를 배우게 되고 공감과 배려가 중요하다는 것을 느끼고 배우게 되는 것이다. 한편 나를 의지하지 않고 하나님을 의지해야 한다는 신앙을 더 깨닫게 된다.

그리스도인들에 대한 박해를 본격적으로 시작한 네로 황제 때의 일화를 소개한다. 네로에게는 소위 말하는 '황제의 투사 씨름꾼'이라는 친위대가 있었다. 그런데 어느 날 백부장 베스파시안이 이끄는 그 부대에 그리스도인이 있다는 소문이 돌기 시작했다. 네로는 '로마 대화재'에 대한 백성들의 비난과 의심을 잠재우기 위해 그리스도인들을 희생양으로 삼고 있던 상황이었고 그 본보기의 하나로 베스파시안(베스파시아누스)에게 그리스도인들을 잡아 처형하라는 칙령을 내리게 된다. 그는 부대원들을 모아 놓고 그리스도인들은 나오라고 명령했다. 그러자 무려 40명이나 되는 군인들이 앞으로 나왔다. 내심 놀란 베스파시안은 군대 천막 앞에 큰 불을 피워 놓는다. 따뜻한 공간을 마련한 것이다. 그리고는 40명의 군인들에게 옷과 신발을 벗게 한 후 꽁꽁 얼어붙은 호수 위로 가게 한다. 그들에게 제시한 것은, 그리스도를 부인하면 언제든지 불이 있는 곳으로 돌아오도록 해 주겠다는 것이었다. 그러나 그들은 평소에 부르던 군가를 개사하여 그리스도를 찬양하는 노래를 부르기 시작했다. 한 명의 군인이 고통을 이기지 못하고 불 곁으로 나아왔지만, 나머지 군인들은 끝까지 그 자리를 떠나지 않았다. 시간이 흐를수록 하나둘씩 죽어 갔다. 새벽 아침이 밝아 올 때 그 백부장 베스파시안은 지휘관의 옷을 벗고 장엄하게 죽음을 맞고 있는 부하들을 향해 걸어갔다. 그는 그들과 같이 순교하였다.

이 일화를 통해 알 수 있듯이 인간은 자신의 삶 속에서 경험하는 것들로부터 영향을 받고 이끌리게 된다. 그는 혹독한 추위와 죽음 앞에서 끝까지 신앙을 버리지 않는 부하들을 보며 그들이 믿는 신에 대한 경외감과 믿음이 생겨났다. 그는 신앙 교육을 받은 적 없이 전도를 경험하지 못했음에도 불구하고 그리스도를 믿는 믿음을 배웠던 것이다.

우리가 살아가는, 살아가야 하는 이 삶은 하나님의 창조 원리를 배우는 과정이며 실습이라고 할 수 있다. 지구상에서 삶의 목적은 어찌 보면 단순하다. 그것은 천국의 삶을 위해, 천국의 시민권자로서 살아가는 데 부족함이 없도록 하기 위해, 배우고 경험하는 곳이라는 것이다.

지금도 여전히 상류층은 존재한다. 그들과 같이 호흡하기 위해서는 돈만 많아서는 안 된다. 격식에 맞는 예법, 품위 있는 대화법, 옷차림, 지성 등을 갖추어야 한다. 이러한 것들이 없다면 돈이 많아도 스스로 그 사회에서 도태될 수밖에 없다. 누구도 상대해 주지 않기 때문이다. 하물며 천국과 비교할 수 있겠는가.

우리는 배우고 확신한 일에 거해야 한다. 성경을 통해, 하나님의 말씀을 통해, 내면에 계신 그리스도의 사랑과 지혜를 배워야 한다.[62] 내 삶에 무엇이 찾아오든지 두려워할 이유는 없다. 그것은 또 다른 배움과 경험의 기회일 뿐이다.

영적으로 홀로 서라

현세대는 새로운 시대를 맞이하는 마지막이자 또 다른 시작을 알리는 시간대를 걸어가고 있다. 이것은 피할 수 없다. 대변혁의 시간, 환란과 혼돈의 시간, 정화의 시간을 경험해야 한다. 이러한 숙명이자 운명론적인 시간 속에서 영적인 홀로서기가 되어 있지 않다면 가련한 처지에 놓이게 될 것이다. 영적으로 홀로 서 있는 사람은 배우고 확신한 일을 경험하고 있는 사람이다.

부정할 수 없는 사실은 심판의 바람은 더욱 매섭게 지구를 향해 다가오고 있다는 것이다. 인간의 이기심과 미련함으로 나타난 열매들이다. 마치 이스라엘을 징계하시기 위해 앗시리아 제국과 바벨론 제국을 채찍으로 사용하셨듯이, 하나님을 대적하는 어둠의 주관자들, 곧 사탄의 하수인들이 벌이는 온갖 사악한 계획과 방법들이 세상에 풀어지고 있다. 이미 나타났으며 앞으로도 지속적으로 발생할 경제 위기, 기후

---

62. "그러나 너는 배우고 확신한 일에 거하라 너는 네가 누구에게서 배운 것을 알며 또 어려서부터 성경을 알았나니 성경은 능히 너로 하여금 그리스도 예수 안에 있는 믿음으로 말미암아 구원에 이르는 지혜가 있게 하느니라"(디모데후서3:14~15)

변화, 전쟁과 기근, 죽음의 전염병, 그 밖의 다양한 재해와 재난은 피할 수 없는 전 지구적인 고통의 시간이 될 것이다.

당신은 어떠한 공적인 장소에서 편안히 하나님께 예배를 드릴 수 없는 상황, 더 극한 상황인 기독교 박해, 영적인 조언과 인도를 해 줄 수 있는 목회자를 만날 수 없는 상황들, 재해 및 전쟁, 기근과 같은 어려운 삶이 다가온다면 어떻게 하겠는가? 이것이 분명 두려운 상황인 것은 맞다. 그러나 이러한 어려움 속에서 흔들림 없이 하나님 한 분만을 바라보며, 평강을 누릴 수 있는 영성의 소유자는 누구일까? 그 사람은 직분, 나이, 학력, 직업과 상관없이 하나님과 하나가 된 사람, 성령 충만한 사람일 것이다. 바로 이러한 사람이 곧 **'영적으로 홀로서기가 된 사람'**이다. 성도 개개인이 영적으로 홀로서기가 가능할 때, 가정 및 교회 공동체 대부분을 차지하고 있을 때, 그들의 연합과 협력은 가장 이상적인 모습을 보여 줄 것이다. 그리고 마침내 좋은 열매를 많이 거두게 될 것이다. 우리가 '영적으로 홀로서야 함'은 '그 누구에게도 의지하지 않는 사람이며, 높은 영적 수준에 도달하기 위한 것'이라고 할 수 있다.

자아를 넘어서라

영국의 수상이었던 처칠은 다음과 같이 말했다고 한다.
"고립되어 명상의 시간을 보내는 것은 정신적인 다이너마이트를 만드는 과정이다."라고 말이다. 처칠이 무슨 도교나 불교의 구도자라서 이러한 말을 한 것이 아니다. 인간은 내적인 고요함과 심령의 비움이 필요하다. 이러한 자기 성찰을 통해, 하나님과의 만남을 통해, 우리는 더욱 성숙해진다. 영적인 어린아이에서 어른이 되는 것이기도 하다. 무엇보다도 내면의 그리스도와 가까워질 수 있다. 하나님과 멀어진 지식과 열심은 결코 우리를 영적으로 성숙하게 할 수 없다.

높은 영적 수준에 도달하기 위해서는 자아를 넘어서야 한다. 우리들의 자아는 육적이고 세상적이며 의존적이다. 때로는 지나치게 부정적이고 때로는 지나치게 긍정적이다. 이러한 것들이 삶에서 다양한 오류를 만들어 낸다. 그러나 자아를 넘어서는 사람은 육적인 사고에서 벗어나서 영적인 사고를 할 수 있다. 이러한 것은 이기적인 삶에서 이타적인 삶으로 변화가 이루어지는 모습으로 나타날 것이다. 인간의 말과 행동은 생각으로부터 나온다. 마음이 이기적인 사람은 말과 행동이 이기적으로 나오게 되는 것은 당연한 이치다. 진정한 내면의 생각이 아닌, 육의 생각에서 벗어나지 못하기에 그러하다. 그러므로 육은 성장했을지 몰라도 영은 성장하지 못하는 것이다. 이러한 차원을 좀 더 쉽게 말하자면 '영은 죽어 있는 것이다'라고 말할 수 있다. 영이 죽은 사람은 비록 육이 살아 있다고 해도 죽은 자와 같다. 도마가 쓴 성경으로 알려진 '도마복음'에는 다음과 같은 권고가 있다. 그 내용 중 75장의 말씀을 소개하고자 한다.

예수께서 말씀하셨다. "많은 사람들이 문에 섰으나 홀로된 자만이 신방에 들 것이다."[63]

---

63. 도마복음 75장 참고

'신방에 든다는 것'은 결혼을 한다는 것으로, 그리스도와 하나가 되는 것을 의미한다. 여기에는 숨겨진 의미가 매우 크다. 많은 사람들이 그리스도를 믿는다고 고백하고 있다. 전 세계적으로 얼마나 많은 교회가 존재하는가. 수없이 많은 사람이 하나님을 만날 문에 서 있으나, 모든 사람이 그분을 만나는 것은 아니다. 영적으로 홀로인 사람만이 만나는 것이다. 하나님은 우리의 내면에 계시기 때문이다. 우리 모두는 영적으로 홀로 서야 한다.

하나님 안에서, 하나님의 은혜로, 하나님의 능력으로 홀로 서야 한다. 그 누구도 의지하지 않고 하나님 한 분으로 만족해야 한다. 이런 사람은 결국 온전한 자기 정체성을 가지고 있다고 말할 수 있다. 주변의 상황, 타인들의 생각과 관념, 눈에 보이는 현상들에 이끌리지 않는 것과 같다. 세상의 논리, 가르침, 관념, 유행, 육적인 것들을 따라가는 것이 아니라 그리스도께서 걸어가시는 그 길을 걷는 것이다. 그 길은 그리스도가 제시한 위대한 도(道)이다. 영적인 홀로서기가 된 사람의 삶은 곧 그리스도의 삶이고 그리스도의 삶은 곧 그의 삶이 될 것이다.

내 안의 신성을 알라

지금까지 필자는 '깨어라, 현재를 살아가라'라는 단순한 영적원리를 가지고 독자들과 탐험의 여정을 함께했다. 그러나 이러한 선지자적인 외침이 단순한 형이상학이라서 잡히지 않는 것이라고 생각하는 사람에게는 곧 사라지는 향기인 허상에 불과할 것이다. 한편 내 것으로 취하는 자에게는 한 줄기 빛이고 그 빛은 영광된 삶을 향해서 힘차게 걸어가도록 하는 또 다른 차원의 에너지가 될 것이다.

우리는 단순히 잘 먹고 잘 살기 위해 태어난 사람들이 아니다. 우리는 하나님의 신성을 가지고 있는 사람들이다. 아이러니하게도 신성을 소유한 인간만이 자신이 신성을 가지고 있다는 진실을 모르고 있다. 내 안의 신성은 진리이고 진실이다. 많은 사람들이 그리스도를 믿고 있다. 그러나 그 믿음은 수동적이고 추상적일 뿐 아니라 맹목적이다. 그러한 믿음은 능력을 찾아볼 수 없다. 이것이 영적인 딜레마이자 현실이다.

우리는 하루라도 빨리 내 안의 신성을 찾아야 하며, 누려야 한다. 그 신성은 모든 사람에게 있다. 우리는 전지전능한 하나님의 창조물이자 자녀이기에 그러하다.

"구하라 그리하면 너희에게 주실 것이요 찾으라 그리하면 찾아낼 것이요 문을 두드리라 그리하면 너희에게 열릴 것이니"

(마태복음7:7)

'깨어나라'의 진정한 본질은 '내 안의 신성을 아는 것'이다. 내가 누구인지를 바로 아는 것이다. 우리는 더 이상 미운 오리 새끼가 아니다. 이제는 이 낡고 어두운 관념에서 벗어나야 한다. 이 어둠에서 벗어난 자만이, 비로소 승리하는 삶을 살아갈 수 있다.

현재를 살아간다는 것은 과거를 회상하고 미래를 꿈꾸는 것이 아니다. 모든 상황을 이해하고 받아들이며, 적극적으로 창조하는 것이다. 당신의 현실이 어떤 상황에 처해 있든지 낙심하거나 두려워 말라! 사랑하고 배우며, 도전하고 창조하라! 승리는 항상 당신의 것이 될 것이다.

글을 마치면서

긴 세월 막힘의 연속선에서, 소망에 대한 거절의 연속선상에서, 결핍에 대한 고통의 한가운데에서, 당신은 지금 어디로 향하고 어디로 갈 것인가? 우리는 정확한 방향과 목적지를 정해야 한다.

사랑의 굶주림, 사랑의 갈망, 사랑의 결핍은 허상이라는 삶을 더욱 단단히 붙잡게 할 뿐이다. 그것은 고통 그 자체이다. 사랑은 내 안의 그리스도를 표현하는 노래이며 열매이다. 그 사랑은 베푸는 것이고 공급하는 것이다.

사랑은 지속적으로 내 안에 계신 그리스도로부터 공급받는다. 그 사랑은 영원히 마르지 않는다. 사랑은 허상이라는 삶을 실상으로 변화시켜 준다. 그 사랑 안에 그리스도의 영광과 능력이 존재하기 때문이다.

사랑하는 독자들이여!
당신의 중심으로, 당신의 내면으로 들어가길 권고하는 바이다. 내 안의 그리스도를 찾고 누리는 것보다 더 중요하고, 지혜롭고, 위대한 일은 세상에 존재하지 않는다.